青少年学科学·知科学·用科学 人物卷
走近中国科技先驱

一代科学家的强国之梦　亿万青少年的心灵洗礼

导弹之父
钱学森

主编　项　星
编委　王炳申　王华钦　李灿亮
　　　肖金荣　项　星　谢　甜

WUHAN UNIVERSITY PRESS
武汉大学出版社

图书在版编目(CIP)数据

导弹之父钱学森/项星主编．—武汉：武汉大学出版社，2013.7(2018.11 重印)
走近中国科技先驱
ISBN 978-7-307-11038-0

Ⅰ.导…　Ⅱ.项…　Ⅲ.①钱学森(1911～2009)—生平事迹—青年读物　②钱学森(1911～2009)—生平事迹—少年读物　Ⅳ.K826.16－49

中国版本图书馆 CIP 数据核字(2013)第 125378 号

责任编辑：聂勇军　责任校对：刘　欣　版式设计：马　佳

出版发行：**武汉大学出版社**　(430072　武昌　珞珈山)
(电子邮件：cbs22@whu.edu.cn 网址：www.wdp.com.cn)
印刷：湖北省荆州市今印印务有限公司
开本：950×1260　1/16　印张：9.25　字数：88 千字
版次：2013 年 7 月第 1 版　　2018 年 11 月第 8 次印刷
ISBN 978-7-307-11038-0　　定价：14.00 元

前 言

邓小平同志曾经提出过“科学技术是第一生产力”的精辟论断。温家宝总理更是强调：“崇尚科学的民族，才是最有希望的民族。”的确，纵观人类发展史，科学技术对人类生产生活的发展产生了深远的影响，它在极大促进生产力发展的同时，更以惊人的速度改变着世界的面貌。今天我们所享受的包括交通、饮食、电器、社交、工作都无一不是科学技术发展的结果。而在科学技术日益革新的背后，是无数科技工作者的艰辛付出。

早在数千年前，我国的学者们已经在诸多科学领域做出领先于世界水平的发现与研究，涌现出如石申（战国时期天文学家）、张衡（东汉科学家）、蔡伦（东汉造纸专家）、裴秀（魏晋期间制图专家）、祖冲之（南北朝数学家）、李春（隋代建筑桥梁专家）、沈括（北宋科学家）、毕昇（北宋活字版印刷术发明者）等一大批科学家。然而，由于当时人们对科学技术不够重视，很多科学知识并没有很好地与生产生活相结合，来促进人们生活水平的提高。到了近代，由于日益封闭和文化高压的政策，中国的自然科学发展更为缓慢、滞后。鸦片战争的爆发，让中国的有识之士看到了古老中国的落后现状，一部分人开始反思并寻求到了一条“科技救国”的道路。在此期间，近代中国涌现出一大批杰出的科技人才，他们顺应世界潮流，成为中国最早出国留学的青年才俊。有的在国外留学时已经震惊科学界；有的谢绝友人挽留，毅然选择回国效力；有的成为我国科技领域的奠基人；有的把生命献给祖国的科技事业……

新中国成立后，更加重视科学技术的发展。特别是改革开放后，“科教兴国”成为国家的发展战略，中国政府以前所未有的决心加大了以科技进步来推动社会发展的步伐。从2000年起，中国政府设立国家科学技术奖励制度，重奖科学家，显示着中国政府“科教兴国”的决心和信心。正是在这样的背景下，我们决定出版一套“走近中国科技先驱”的系列丛书。

“走近中国科技先驱”系列丛书首批出版7本，主要讲述7位对我国近现代科技发展最有影响的，取得开创性业绩的科学家的故事。这7位科学家中，有为中国铁路事业发展奠定基础的铁路巨擘；有实现国人千年夙愿的桥梁建筑大师；有为中国航空事业发展做出里程碑式贡献的飞行大家；有填补我国航天史空白的学科奠基人；有为中国现代国防事业呕心沥血的元勋；有“专注田畴，群生饱暖农夫志”的农民式科学家；还有因创新文字书写方式而影响人类文明进程的人民教师。

当然，中国近现代杰出的科学家远远不止这7位。而我们之所以选择这7位人物，是因为他们不仅仅是7位科学家，更是后世科技工作者学习的楷模。我们不仅仅从他们的身上学习到对待科学知识的专注和专业，更能体会到他们伟大的人格魅力、爱国情怀，这在任何时代都不会褪色！

本书在编写过程中虽然倾尽人力，但由于编者水平有限，书中难免会出现疏漏甚至错讹之处，恳请读者朋友批评指正。本书在编写过程中也参考借鉴了前人撰写的相关资料，对他们的辛勤工作也一并表示感谢！

编 者

2013年5月

目 录

CONTENTS

引　言
导弹之父钱学森

钱学森是中国科学界的一位传奇人物，是中国火箭、导弹、航天事业的开拓者和奠基人。他出生于杭州，毕业于上海交通大学。1935 年留学美国，获麻省理工学院硕士学位，后拜师美国航天泰斗冯·卡门，跟随导师从事火箭研究，在第二次世界大战期间参与美国国防机要工作，甚至还一度在美国国防部五角大楼工作。“二战”结束后，他跟随冯·卡门代表美国军部前往德国考察火箭和导弹的研制工作，并参与审讯德国的火箭鼻祖冯·布劳恩。

1949 年，新中国成立，他激动万分，准备回国效力。但是申请回国的路却异常艰辛，从 1950 年到 1955 年，5 年间他遭到美国联邦调查局的调查、监视，甚至以“间谍”罪被捕入狱。美国设下重重障碍，千方百计阻拦钱学森回国，因为他们深知钱学森“抵得上 5 个师”！

经过 5 年的不懈努力，在周恩来总理的直接过问下，归心似箭的导弹专家钱学森终于在 1955 年 10 月 8 日踏上了祖国的热土。回国后，他受到毛泽东主席、周恩来总理、聂荣臻元帅等国家高层领导人的多次接见。此后，他一直孜孜不倦地奋斗在中国火箭和导弹研究的第一线，几十年如一日，为中国的“两弹一星”及载人航天事业做出了不可替代的历史性贡献，为中国的现代化进程和提升国际大国地位立下了开拓性的功勋。钱学森还完善并发展了系统工程理论，并把这一理论与方法应用于科学领域的研究，从而创立了系统科学。

钱学森，是历经艰辛从美国归来的中国宝贝，他，又岂止只值“5 个师”……

第一章
出身名门

第一节　丝绸大亨

“上有天堂，下有苏杭。”杭州，是中国东南腹地上的一颗璀璨明珠，是一个天堂般的城市。杭州历史悠久，经济繁荣。杭州盛产两样东西：茶和丝。茶，即著名的龙井茶；丝，就是杭州丝绸。在古代，著名的丝绸之路从中国南方出发，经过中亚通往南亚、西亚，继而到达欧洲、北非，中国的丝绸等物品通过这条黄金通道源源不断地被运到国外，中国丝绸的精美细滑享誉世界，成为东方文明最耀眼的标志之一，而杭州，即是丝绸之路的起点。早在四五千年前，杭州的先民已经知道种桑、养蚕、制丝。春秋时期，越王勾践认为农桑乃富国之本，于是下令“奖励农桑”。这一国策大大促进了当地农民的种植积极性，也为杭州地区今后丝织业的繁荣奠定了一定的基础。到唐朝时，杭州盛产的绫罗绸缎已有“天下为冠”的美誉，成为宫廷贡品。

杭州有许多丝行，其中有一家“钱士美”丝行赫赫有名，在杭州丝绸业中起到举足轻重的作用。每年夏初春丝上市时，需这家钱士美丝行定价之后，全省方可开市。而钱士美丝行的经营者叫钱继祖，是钱学森的曾祖父。钱家世代经营丝业，因为经营有方而生意兴隆，家业雄厚。钱继祖家庭兴旺，生有四子，其中第二个儿子钱承镃是钱学森的祖父。钱承镃有两个儿子，分别是长子钱泽夫和次子钱均夫。钱泽夫是钱学森的伯父，他的孙子钱永健于2008年获得诺贝尔化学奖。钱学森的父亲钱均夫曾留学日本，回国后曾任职于国内大学与教育部，与鲁迅、许寿裳等人是十分要好的朋友。

钱学森的母亲章兰娟是大家闺秀，出生于当时富甲一方的大商贾章家。章兰娟的父亲章乐山曾担任两广盐运使，后来回到杭州经商，经营丝绸与酱业，财源广进。而钱家到了钱均夫这一辈的时候，因为家中儿子都转向仕途，家业由外人管理，导致丝行生意一落千丈，家道已经开始没落。然而，相对于钱家的财富，章家显然更加看重钱均夫的才华与人品，所以，章家不仅把女儿章兰娟嫁了过去，还把一栋大宅子作为嫁妆让女儿带到了钱家。

1911年，辛亥革命爆发，中国结束了两千多年的封建帝制，开始进入民国时期。同年，钱学森出生了。辛亥革命的爆发意味着中国脱离了一个旧的时代，进入了历史的新纪元。

而钱学森的诞生，也意味着中国的科学界将迎来一位前所未有的巨星，一位划时代的开拓者。

第二节 良好家教

钱家历史悠久。钱家的祖先可以追溯到五代十国的吴越国国王钱王。钱王创建了吴越国（今浙江、江苏和福建部分地区），他鼓励农桑，大兴水利，发展商贸。在他的管理下，吴越国富甲一方，奠定了杭州作为“人间天堂”“丝绸之府”的基础。钱家家教甚严，十分注重对子孙的教育。“爱子莫如教子，教子读书是第一要义”，这是钱家的家训之一。在这样的严格要求下，钱家子孙人才辈出，著名的文学家钱锺书、文字理论家钱玄同、历史学家以及国学大师钱穆都是钱家后代。据传，钱学森的父亲钱均夫是钱王的第三十二代世孙。

钱均夫年轻时曾留学日本，回国后一直奋斗在国家教育事业的前线，可以说得上是一位教育家。他十分注重对钱学森的教育，不仅在学习上严格要求他，同时培养他对音乐、美术、摄影这些艺术的兴趣，让他全面发展。因此，钱学森不仅对各种艺术十分喜爱，也善于从各个不同领域角度考虑问题，这对他以后的科学研究是十分有帮助的。

钱学森的母亲章兰娟是一位温良谦恭、纯朴感性的女人。她十分善良，也深谙以身作则的道理，所以总是通过自己的行为来引导孩子去做正确的事。在钱学森小的时候，每次母亲带他走在北京大街上，母亲都会向沿街行乞的人慷慨解囊。

在家里，她对仆人也总是十分仁厚。母亲的仁爱，钱学森从小就耳濡目染，幼小的心灵早早就种下了一颗善良、关心他人的种子，这为他日后顺利成长为参天大树奠定了基础。

钱学森虽然出生于这样一个显赫的富裕家庭，但是他却不是一位纨绔子弟，相反，他从小就十分努力。1914 年，3 岁的钱学森随父母来到北京，住在一个四合院里。俗话说：3 岁定终生，意思是孩子 3 岁时候的启蒙教育关系到孩子此后的整个人生。钱学森 3 岁开始上北京的“蒙养院”（相当于现在的幼儿园）。在蒙养院里，孩子们的功课分为做人、举止、识字、算术、歌舞、游戏等几个部分。这样的课程安排让孩子们既学习到了多种知识，又不失去活泼好动的天性。

1917 年，刚满 6 岁的钱学森进入北京女子高等师范学校附属小学，是班上年纪最小的学生。师范学校是培养教师的基地，而师范学校附属小学是师范院校进行教学实践的基地，因此，一般来说，师范院校的附属院校的教学质量是非常高的，而北京女子师范学校附属小学正是这样一所学校。在附属小学上学的钱学森每天坐家里的黄包车上学或放学，这时的他比上蒙养院的时候要顽皮，在车上常左顾右盼，还时不时地朝路人做鬼脸。但是，一到了学校，他就认真起来，上课聚精会神地听讲，下课时也总是向老师讨教，考试成绩总是名列前茅。

1923 年，12 岁的钱学森小学毕业，顺利进入了当时最好的中学之一——北京师范大学附属中学。校长林励儒先生是一位力主教育改革的先进人士，他反对死记硬背，鼓励学生创新，注重提高学生的实际动手能力。他的教学思想对钱学森的成长帮助挺大。

除林励儒外，其他几位老师也对他今后的事业产生了十分重大的影响。几何老师傅钟孙告诉学生学习必须严谨，他说："公式公理，定义定理，是根据科学、根据逻辑推断出来的，在课堂如此，到外面也是如此；在中国如此，在国外如此，即使到火星上也是如此！"这番话，让钱学森印象颇深。生物老师俞君适经常带领学生去野外采集标本，解剖蜻蜓、蚯蚓和青蛙之类的小动物。化学老师王鹤清的化学实验室随时开放，学生想做实验随时都可以去。钱学森十分喜欢这样的教学方式，总是乐于动手实践，他的实践能力从小就得到了很好的锻炼。

北京师范大学附中很注重外语教学，有的课程甚至直接用英语授课，钱学森因此打下了坚实的英语基础。到了高中二年级的时候，钱学森在学习英语的基础上，又选修了第二外语德语。从这一点可以看出，钱学森是一个对自己要求十分严格，又有强烈求知欲的人。正是得益于这种对自己的严格自律，以及强烈的求知欲，以至后来钱学森考入上海交通大学几乎没有任何悬念，成为水到渠成的事情。

第三节　交大学子

1929年，18岁的钱学森以优异的成绩从中学毕业。当时，北京大学和清华大学是中国的一流学府，而位于上海的交通大学虽然也建校已久，但是在普通人眼里，实力毕竟还是要退居清华、北大之后的。然而，从小就就读于中国一流中学的钱学森在报考大学时却作了一个让人意外的决定：报考上海交通大学。钱学森为什么要“退而求其次”呢？

这和当时的时代趋势有着很大的关系。早在1825年，当世界上第一条铁路在英国通车时，那鸣着汽笛冒着黑烟的火车头便成了工业革命的标志之一，也是国家经济发达的标志之一。在中国，自甲午战争之后，中国的一批先进人士意识到中国的国力已经逐渐落后，而侵略中国的英国等国都因有贯穿全国的铁路而强盛，因此他们呼吁中国也要造铁路。1909年，由中国杰出的工程师詹天佑主持设计建设的第一条铁路——京张铁路顺利通车。

钱学森在高中时就有着“实业救国”的理想，希望能“习西夷之长，救中国之短”。那时，他就把目光聚焦到火车上。所以，虽然有清华、北大那样的一等学府，钱学森却义无反顾地报考了上海交通大学，因为他想学铁道机械工程技术，而铁道机械工程隶属于铁道部，当时只有直属铁道部的上海交通大学才有最好的铁道机械工程专业。

上海交通大学是中国历史悠久、实力雄厚的大学之一，其创办者是晚清洋务运动的代表人物盛宣怀。他既是位高权重的大官，有着“太子少保、轮船招商局督办、电报局总办、邮传部大臣”等众多官衔在身，同时也是一位颇有影响力的实业家。清政府任命盛宣怀以四品京堂候补督办铁路总公司各项事务，所以他又被称为中国的“铁路大王”。他是一位高瞻远瞩的进步人士，提倡“科教救国，实业兴邦”。他以美国的哈佛大学和耶鲁大学为蓝本，在中国建立了北洋大学堂和南洋公学，这两所学校后来演变成现在的天津大学和上海交通大学。

上海交通大学在创立之初就以铁路交通作为主要的教学和研究目标。上海交通大学的教材全部与麻省理工学院和哈佛大学的教材相同，课程也是依照美国大学课程设置。后来，上海交通大学逐渐明确了方向，确定以麻省理工学院为蓝本。到了20世纪30年代，上海交通大学被称为“东方的MIT”(东方的麻省理工学院)。

当时，上海交通大学毕业生到欧美留学，无需再进行入学考试，由此可见上海交通大学的教学水平已经达到了世界一流水平，可直接与欧美接轨。所以，当钱学森踏进上海交通大学的校园时，意味着他与麻省理工学院的距离已经不远了。

尽管已经进入了理想中的学府，读了理想的专业，钱学森却丝毫没有放纵自己，而是继续严格要求自己，刻苦学习。在4年的大学生涯中，他曾因表现优秀而获得过许多荣誉，然而至今在上海交通大学广为流传的关于钱学森的事迹，却是两件小事。

一件是钱学森主动请求老师扣分的事。那是1933年，22岁的钱学森读大学三年级。当时有一门课程叫水利学，由金悫教授授课。按照交大的规矩，每科考试的试卷由老师批改过后会再发回学生手里，让学生对照答案知道自己哪些题答对了，哪些题答错了。当试卷发到钱学森手里的时候，他看了一下，发现全部是红色的勾，意味着他这一门课可以拿满分。可是，仔细检查之后，他发现有一道题的答案有一点小错误，而老师显然没有看出来。于是，他找到金悫教授，指出了自己的错误，请求老师按要求减分。金悫教授核实过后，就给他减去 4 分，给了他 96 分。这件事对于钱学森来说只是一件非常小的事，但是却可以看出他对自己严格要求、为人诚实的可贵品质。

钱学森获上海交通大学学士学位照

钱学森的这种举动让金悫教授深受感动，他认为钱学森是一个十分诚实的学生，很欣赏他，于是就保留了这份试卷。

直到现在，这份试卷还被保存在上海交通大学的博物馆里，被作为文物珍藏着。

另一件被传为美谈的事是关于一个实验报告。有一次，钱学森做了一个热工实验，按要求做完实验后应写一个实验报告。结果，钱学森交上去的报告竟然有100多页，详细地记录了实验中出现的各种细微现象。报告十分工整，有条不紊。当时的热工实验老师不仅给了他100分，还像金悫老师一样收藏了这份报告。现在这个报告也已经成为了上海交通大学档案馆里的一份珍贵文献。

第四节 航空救国

1934年，钱学森以优异的成绩从上海交通大学毕业。按照常理，他应该顺理成章地去做一个铁路工程师。然而，他却没有这样做。因为，在交大上学期间，他的兴趣已经从铁路转移到了飞机，所以，他决定要积极响应孙中山先生“航空救国”的口号，投身飞机事业。为什么一向坚定的钱学森突然要改变自己的专业志向呢？难道仅仅是因为飞机可以在天上飞，看起来更酷吗？

当然不是。钱学森做出这个改变是时势所需。

1931年，“九一八”事变后，短短几个月间，日本就侵占了中国的东北三省。上海交通大学的学子难抑愤怒之情，发起了抗议日本军国主义侵略中国的上街游行，钱学森也参加了游行。不久后的1932年1月28日，日本军队在经过秘密谋划以后，又在上海火车站附近挑起事端，然后以保护侨民为借口，从上海的公共租界侵袭上海。驻守在上海的第十九路军在军长蔡廷锴的指挥下奋起反击，震惊中外的“淞沪会战”打响了。

在中日两国的这次交战中，日本凭借强大的空军掌握了战争的制空权，对中国的土地和军民进行狂轰滥炸，中国损失惨重。看到自己的祖国在日本帝国主义的铁蹄下惨遭蹂躏，自己深爱的同胞被炸得体无完肤，钱学森在痛心之余深刻地体会到：中国要想打败日本，将日本人赶出去，就必须拥有像他们那样强大的空军，必须有能支撑起强大空军的航空工业。

世界上第一架飞机诞生于1903年，由美国的莱特兄弟造成。中国人自古就有飞天的梦想。在20世纪初，有人开始关注飞机并取得了一定的研究成果，这个人就是中国第一位飞机设计师冯如。冯如原名冯九如，广东人，1884年1月12日出生于一个贫苦农民家庭。他从小喜欢放风筝，也经常自己做风筝，最喜欢听飞天的传奇故事，梦想着自己有一天也能像风筝那样在蓝天翱翔。1909年，25岁的冯如自制了一架小型双翼飞机，这架小飞机在美国奥克兰的一个小山丘上飞行了大约800米，创造了一个小小的奇迹。第二年，冯如把这架小飞机经过加工改良后，制成了更加先进合理的“冯如2号”。得知中国人也可以制造自己的飞机，当时还在美国旧金山进行革命活动的孙中山先生也特地赶到奥克兰观看“冯如2号”的试飞表演。观看后，孙中山对冯如赞赏有加，还非常高兴地对他说："吾国大有人才矣!"并因此提出了"航空救国"的口号。

然而，天妒英才。就在冯如积极响应孙中山先生的号召，回到祖国，准备为我国的航空事业发光发热时，在一次试飞中，他却不幸遇难了。1912年8月25日，冯如在广州进行飞机试飞时不幸发生事故，飞机坠落，冯如身受重伤，不治身亡。

20多年后，淞沪会战再次让中国人领略到空军的必要性，于是人们记起了孙中山先生"航空救国"的口号，国民党政府也开始积极建立航空组织，推动航空业的发展。而钱学森也就在这时决定改变自己的志向，投身航空事业。

美国是当时世界上航空科技最为发达的国家之一。1934年，钱学森报考了清华大学留美公费生，并成功被选中。清华大学当初是专门培养、遣派赴美留学生的大学，它每年的留学生名额都分布于文理科各种专业，然而钱学森所考取的"航空机架"专业是一个1933年才设立的新兴专业，钱学森是此专业设立以来第二位考取的学生。第一位学生叫林同烨，林后来成为中国第一架运输机的设计、制造者。

为了让钱学森在出国学习之前对飞机有一个基本的了解和认识，钱学森需要在清华大学航空专业进修一年。根据学校的安排，钱学森在进修的一年里先到杭州笕桥机场实习，然后再到清华大学接受理论课程的辅导。

在杭州笕桥机场，钱学森收获颇丰，他不仅第一次见到了真正的飞机，而且认识了帮助他赴美留学并对他学业产生深刻影响的王助教授。

王助年少时曾被派往英国留学，后来又就读于美国麻省理工学院。毕业以后，他进入了美国波音公司，成为波音公司的第一任飞机总工程师。波音公司的第一架乙型水上飞机就是他设计的。然而，王助却没有在波音公司长久待下去，因为美国的种族歧视让他备受屈辱。他是波音公司的总工程师，可是美国人竟然限制他进入测试场对自己设计的飞机进行试验测试！忍无可忍的王助最终选择回到国内发展。1931年，他担任中国航空公司总工程师。在钱学森实习期间，他很快就喜欢上了勤奋好学的钱学森，并且对他因为爱国而改变自己专业志向的精神十分赞赏。他告诉钱学森，学习航空一定要注重实践操作和制造工艺，在他的带领下，钱学森对飞机有了一个初步的了解，开始步入航空领域的科学殿堂。

第二章
留学美国

第一节　远渡重洋

1935年8月，经过在清华一年的预备学习，钱学森在上海港乘坐“杰克逊总统号”邮轮前往美国西雅图，开始了他人生中的第一次远行。这是他第一次出国，他的父亲钱均夫一直送他到港口，目送他登上“杰克逊总统号”。

告别了父亲，站在船上，面对着自己生活了二十几年的祖国，钱学森心中有千般不舍。这里有他深爱的亲人，有他可爱的朋友，这里是他奋斗的动力源泉，虽然无限不舍，但他亦没有过分悲伤，因为他知道他会回来的，等他学有所成时，他自然会回到这片热土，为之贡献毕生的力量。

邮轮在西雅图靠岸，下船之后，钱学森直奔波士顿。波士顿是一座历史悠久的文化名城，哈佛大学和麻省理工学院这两所著名学府比邻而居，成为波士顿闻名世界的城市名片。就像中国的北大和清华一样，哈佛和麻省理工也是各具特色。哈佛大学自不必说，这里单说麻省理工，麻省理工学院是美国的“理工大学之最”，也是世界理工科人才向往的殿堂。它是名副其实的诺贝尔奖的摇篮，曾先后有78位诺贝尔奖获得者在麻省理工学院学习或工作过。

麻省理工学院的课程安排非常重，学生必须修够360个学分才能毕业。然而，这种严格要求对于钱学森来说却并不是什么难事，因为他在上海交通大学的时候已经有过这种锻炼，“身经百考”的他只用了一年的时间就拿到了航空工程硕士的学位。

他学习的航空工程是一门实践性很强的学科，按道理，他应该在拿到学位后立刻去飞机制造厂实习。可就在他申请去飞机制造厂实习时，厂里的负责人员却冷冷地拒绝了他。因为美国规定：美国的飞机制造厂只接纳美国学生去实习，不接受外国学生。所以，就像他清华大学的导师王助教授一样，钱学森也因为是外国人而受到了歧视，而遭受歧视的根本原因竟是：美国人害怕外国人会“偷窃他们的航天技术”！

不能实习，钱学森只好改变学习方向，转而研究航空理论。航空理论需要大量的精准的计算，而这对于数学成绩一向十分优秀的钱学森来说并非难事。在航空理论方面，麻省理工学院并不是最好的研究中心，位于洛杉矶的加州理工学院才是这方面的权威，因为那里的冯·卡门教授是航空理论界的学术泰斗。所以，在麻省理工学院学习了一年之后，钱学森决定再一次改变专业志向，转学到加州理工学院学习航空理论。

就在钱学森已经得到航空工程硕士学位，准备转学离开之际，麻省理工学院又迎来了一位姓钱的中国留学生。这位中国留学生是钱学森的亲戚，还是跟他感情非常好的亲戚——钱学森的堂弟钱学渠。

钱学渠的父亲钱泽夫与钱学森的父亲钱均夫是亲兄弟，然而钱泽夫到钱学渠一代已家道中落，作为叔叔，钱均夫主动承担了钱学渠的学习费用。钱均夫对钱学渠视如己出，从小就让他和钱学森一起接受教育。他们兄弟感情甚好，成长轨迹也惊人地相似。

钱学森 1929 年以总分第三名考入上海交通大学，两年后，钱学渠也以总分第四名考入上海交通大学。大学期间，钱学森感染了风寒，休学一年。1934 年，钱学森从上海交通大学毕业。一年后，钱学渠也以总分成绩第一名的成绩从上海交通大学毕业。毕业后，钱学森去了美国继续学习深造，而钱学渠本来在清华大学当助教，但他不甘心落后于哥哥，便也考了留美公费生，而且考的又是同一所学校同一个专业。就这样，1936 年，钱学森与钱学渠两兄弟又在麻省理工学院相聚。

钱学渠在麻省理工学院获得博士学位以后，一直在美国从事航空工程方面的研究，后来供职于著名的波音公司，成为波音公司的高级工程顾问。钱学渠在 1939 年曾经回国，担任贵州飞机发动厂的总工程师，为中国制造自己的飞机。当时国民党执政，官僚腐败，飞机发动厂的许多资金并没有用于造飞机，而是流进了贪官污吏的腰包。所以，尽管钱学渠被授予上校军衔，他依然感觉心灰意冷，报国无门，于是黯然回到了美国。他加入了美国国籍，在美国继续他的研究，后来成为了一名出色的空气动力学家，拥有许多项航空专利。他的第二个儿子钱永健在 2008 年获得了诺贝尔化学奖，成为第七位获此殊荣的华裔科学家。前六位分别是：杨振宁、李振道、丁肇中、李远哲、朱棣文、崔琦。

第二节　师从名师

冯・卡门，1881 年出生于匈牙利的布达佩斯城，是一个犹太人。他具有惊人的数学天赋。他年仅 6 岁的时候，就能毫不费力地心算出五位数以内的乘法，这经常让他周围的人震惊不已。1904 年，他考入德国哥廷根大学，1908 年获得博士学位。这一年，他在游历法国时，亲眼见到一个法国人开着一架试验飞机进行试飞，他瞬间对这个诞生才 5 年的奇特的大机器产生了浓厚的兴趣，并开始研究飞行空气动力学。

1911 年，他发现当气流和物体之间附壁作用失效，并在物体后面形成一股尾流时，就会产生型面阻力。后来，这个发现被命名为“卡门涡列”，成为飞机、轮船和赛车设计的理论基础。1930 年，卡门又发表了一系列关于“湍流理论”的专业论文，受到同行的高度肯定和赞扬。

然而，就在冯·卡门专心研究学术并逐渐走向事业的巅峰之时，法西斯主义也在德国蔓延开来。希特勒发表了臭名昭著的“种族优劣论”，宣扬他所属的日耳曼民族是世界上最优秀、最高贵的民族，而犹太人是最低等的民族，世界理应由高贵的民族统治，低等的民族应该被彻底消灭。

于是，犹太人开始大量遭到迫害。身为犹太人的冯·卡门被逼无奈，离开了德国，前往美国。就这样，希特勒把一位具有划时代意义的航空界科学家拱手“让”给了他的对手美国。冯·卡门加入了美国国籍，执教于加州理工学院。在美国相对安全稳定的环境中，他得以继续他在应用力学、湍流力学、流体力学、超音速飞行和火箭方面的研究，使美国的航空事业取得了飞跃性的进步，并长时间处于世界领先地位。

为了表彰冯·卡门对美国的巨大贡献，1963 年 2 月 18 日，美国总统肯尼迪授予冯·卡门美国第一枚科学勋章。当时的冯·卡门已经 82 岁高龄，身体虚弱，患上了关节炎，走起路来颤颤巍巍，肯尼迪见状便伸手去扶他，冯·卡门礼貌地拒绝了总统的帮助，并幽默地解释说：“总统先生，走下坡路是不用扶的，只有向上爬的人才需要拉一把。”正如他自己所说的，此时的冯·卡门确实已经走到了人生的下坡路，仅仅两个多月之后，他便与世长辞。为了纪念这位科学巨匠，冯·卡门的祖国匈牙利在 1992 年专门为他发行了一枚纪念邮票；同年，美国也发行了一枚冯·卡门邮票。

钱学森不远千里，斜穿整个美国，从美国东北角的波士顿来到美国西南角的洛杉矶，就是为了能拜在冯·卡门麾下。他没有按照一般流程，在前往加州理工学院之前给冯·卡门打电话预约见面，而是直接收拾行李奔赴加州洛杉矶，到达加州理工学院之后才给冯·卡门写了一封求见信。冯·卡门答应了见面。钱学森与他在见面时讨论了学术研究等方面的问题，冯·卡门发现钱学森思维敏捷，很有智慧，便邀请他去加州理工学院继续深造。就这样，钱学森进入加州理工学院，并拜冯·卡门为师，在他的指导下攻读博士学位，研究航空理论。

加州理工学院是洛杉矶的三大名校之一，另外两所是斯坦福大学和加州大学伯克利分校。斯坦福大学的校园由著名设计家弗莱德里克·欧姆斯泰德设计，校园面积大且环境优美。加州大学伯克利分校虽然面积比斯坦福大学要小一些，但是也比加州理工学院大许多倍。与这两所大名鼎鼎的学校相比，加州理工学院更像是一个“浓缩版”的名校。“浓缩就是精华”，加州理工学院是这句话的完美注脚者。加州理工学院是一所典型的精英学府，其办学理念就是“小而精，精而美”。该校人数很少，只有2000余名学生，可是却有近1000名教职人员，其中教授近300人。该校曾有27名校友和教授获得了28次诺贝尔奖，其中鲍林一人就获得了两项诺贝尔奖。

加州理工学院集中了众多的精英学子，就连钱学森这样从麻省理工学院出来的人都感觉到了压力。能进入这所学校的都是各个领域的拔尖人才，每个人都要和自己的同学赛跑，和时间赛跑，付出比别人多一倍甚至几倍的努力学业才能名

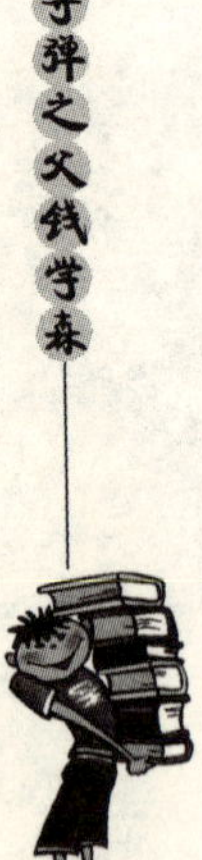

列前茅，钱学森也不例外。

加州理工学院也是一所非常注重创新精神的学校，学院要求学生在学习知识的同时发散思维，对同样的问题尽量找出不同的解决办法。钱学森的导师冯·卡门就是这一理念的拥护者和执行者，在他的课上，创新思维得到了十足的重视。有一次上课，他问学生：“你们的满分标准是什么？”学生回答：“所有的题目都回答正确。”冯·卡门笑了笑，说出了他的看法：“是吗？我并不认为是这样。对于我们工程技术来说，永远没有什么答案是所谓的标准答案，有的只是解决问题和开拓问题的方法。如果有甲乙两个同学，甲同学的答案注重分析过程，突出问题重点，方法有创新，而在具体计算过程中出现了一些小小的失误导致最后结果算错了；乙同学的最后结果完全正确，但是解题方法十分中规中矩，毫无创造性。那么，在这两个同学的试卷上，我给甲同学的分数肯定要高一些。”

冯·卡门不仅教学生们应该怎样创新，还以身作则地告诉他们科学是需要分享、合作的，有了好的创新的点子应该与同伴们分享，这样不仅可以让自己的思维更开阔，还可以吸收别人的意见。在一次学术研讨会上，冯·卡门讲了自己的一个学术思想，有人问：“冯·卡门教授，你把这么好的点子讲出来，不怕别人听到了然后超过你吗？”冯·卡门教授微笑着说：“我才不怕呢！等他们赶上我这个想法的时候，我早就又有别的更好的点子啦。”钱学森被导师这种不断追求创新的精神所感染，在研究的过程中也开始注重创新。果然，他的思维变得非常活跃，脑子越用越活，常有奇妙想法。

就像那句名言所说的：真正的民主就是，虽然我不同意你说话的内容，但是我誓死捍卫你说话的权利。加州理工学院除了推崇创新这一理念外，还十分注重学术的民主氛围，允许各种不同的声音表达自己的学术见解。有一次，钱学森在发表自己的学术见解时，一位看上去十分权威的长者对他的学术思想提出了不同意见，钱学森并没有因为对方是长者或是权威就示弱，而是与他据理力争，坚持自己的想法。后来，他才知道，提出意见的那位长者的确是位权威，他是航空界鼎鼎有名的大教授。然而冯·卡门并没有斥责钱学森不懂礼貌，而是对他说他那天的辩论精彩极了。

一般情况下，冯·卡门和钱学森是一对关系十分要好的师徒。然而在学术研究过程中他们也难免有意见不统一的时候，那么这时该听谁的呢？大部分人会说，当然是听老师的了，姜还是老的辣。然而，在冯·卡门眼里却并不是如此。有一次钱学森与冯·卡门在一个问题的解决方法上起了分歧，双方争论良久，冯·卡门甚至气得把实验室的东西摔到了地上。钱学森不能跟老师一样发脾气，便默默地离开了实验室。没想到第二天下午，冯·卡门主动来到钱学森的工作间，跟他道歉："对不起，昨天是我的想法错了，你是正确的。"冯·卡门这种虚怀若谷的品质给钱学森留下了深刻印象，让他感动不已。

第三节 师徒合作

钱学森在加州理工学院期间，航空领域正在经历一个大变革：喷气式飞机正在逐步取代老式的螺旋桨飞机，飞机的速度已经开始追赶音速甚至超过音速。而飞机速度的提高必定带来新的问题，那就是高速飞行时飞机遇到的空气阻力等与低速飞行时的规律完全不同。而这些新的问题正是力学的一个分支——空气动力学的研究领域。钱学森正是在这个变革大背景下开始研究空气动力学，试图解决飞机“超音速”飞行的可能性以及可能遇到的问题。

冯·卡门要求钱学森研究的问题主要有两个：（1）飞机音速飞行时，气体的可压缩性与飞机的性能有什么定量关系？（2）飞机的速度超过音速时，需要什么样的技术支持与理论指导？这两个问题就是钱学森的博士论文研究课题，解决了这两个问题之后，就可以建立全新的“亚音速”和“超音速”空气动力学。

为了完成研究课题，钱学森看遍了所有能找到的有关空气动力学的文献，这些文献多是已经发表的论文原文，用英语、法语、德语和意大利语等多种语言写成，而钱学森不仅全都仔细看过，而且还细心地进行分析比较，以求尽可能全面地了解空气动力学的来龙去脉。功夫不负有心人，经过3年刻苦研究，钱学森成功地攻克了这两个科学难题，并在1939年完成了他的4篇博士论文，他因此拿到了加州理工学院航空和数学两个博士学位。

钱学森的博士论文中的“热障”理论和“卡门—钱近似”公式，是两项重大的空气动力学研究成果，它们的提出让钱学森在科学研究上的惊人才华崭露头角。而这两项成果还有一个另外的作用，那就是它让钱学森和导师冯·卡门的关系发生了质的变化，进入了一个全新的阶段。

在此之前，钱学森刚来加州理工学院时，钱学森只是冯·卡门的学生；一段时间之后，由于各方面表现出众，钱学森成了让冯·卡门骄傲的得意门生，但是他们的关系并没有超越普通的师生关系。后来，钱学森由得意门生升级成了冯·卡门的助手。钱学森的博士论文完成，并提出这两项重要成果后，冯·卡门看到了钱学森身上散发的无限潜力，遂邀请钱学森与他一起研究。至此，钱学森与冯·卡门不再是纯粹的学生与导师的关系了，他们变成了最亲密的合作伙伴。

第三章
火箭专家

第一节　情迷火箭

在加州理工学院，曾经有一个著名的“自杀俱乐部”，而钱学森是其骨干成员。当然，这个“自杀俱乐部”并不是鼓励人们自杀的俱乐部，实际上它是一个火箭俱乐部，是由加州理工学院几个热爱火箭并醉心于研究火箭的小伙子在1936年2月自发组成的业余俱乐部。

它的创始人主要有4个：航空工程专业研究生马林纳和史密斯，化学专业的帕森以及另一位火箭爱好者福尔曼。马林纳是这个俱乐部的组长，一位十足的火箭迷。他来自波兰，兴趣广泛，从小喜欢读法国科幻作家儒勒·凡尔纳的小说，他最爱的小说是《从地球到月球》，并由此产生了对火箭的热爱。俱乐部的4个人各有所长，马林纳和史密斯是航空工程专业研究生，在研制火箭过程中担当总设计师，帕森学的是化学专业，主要负责解决火箭的燃料问题，而擅长机械制造的福尔曼则是工程师。

火箭俱乐部从设计火箭到制造火箭都已经明确分工，唯独还缺一个理论指导。当时钱学森在学校和马林纳共用一间实验室，而钱学森又刚好精通理论和计算，所以他就“不幸”地被马林纳拉进了火箭俱乐部，为他们解决理论和计算问题。至此，火箭俱乐部发展成5人小组了。

别看这个火箭俱乐部是业余的，可是他们对待火箭的态度却一点儿也不业余，他们是真的打算要制造出可以升天的火箭呢。可是，制造一个火箭可不是制造一根火柴，它不仅需要专业的技术指导，而且必须有大量的资金支持。而5个小伙子都是穷学生，到哪里弄来这么多钱呢？聪明的马林纳想到了演讲募捐。他在学校各个系里演讲，宣传他们的俱乐部，希望能吸引更多人的兴趣，为他们的计划捐款。

这种方式很快就奏效了，一位气象系的研究生阿诺德听了马林纳的演讲之后，主动提出可以帮他们募集1000美金——在当时，这可是一笔不小的资金。阿诺德本身并不是火箭迷，他是一名摄影爱好者，他募捐赞助火箭俱乐部的唯一条件就是当他们的火箭建成发射时，他可以第一时间去拍摄。这对火箭俱乐部的成员来说当然没有问题，他们甚至觉得这是他们的荣幸。他们不仅得到了资金，还将有专门的摄影师为他们的火箭拍“写真”！就这样，阿诺德被吸收为他们

俱乐部的“编外会员”。他们愉快地达成了协议，但是马林纳却依然有点忧心忡忡：这个阿诺德可靠吗？他真的可以筹集到1000美元吗？

事实证明，马林纳的担心是多余的。过了一段时间，阿诺德交给马林纳一包用报纸包得严严实实的东西，打开一看，里面正是阿诺德答应筹集的1000美元，其中还有不少钞票是面值1美元的。马林纳看着这零零碎碎的1000美元，为阿诺德的诚信感动不已，感动之余还不忘兴奋地告诉其他成员：“哈哈，我们终于有启动资金啦！”

有了钱之后，万事俱备，火箭俱乐部的成员就真的雄心勃勃地开始设计、制造火箭了。他们从学校附近的各个垃圾场、废品站里挑挑拣拣，选来一些可以加工利用的五金材料，拿回去经过改造用来制作火箭模型。这些都不是钱学森的工作，钱学森在吃过晚饭后只负责拿着演算本去马林纳家里计算参数。当时的钱学森还在紧张地准备着空气动力学方面的博士论文，因此只能在晚饭后抽出一点时间来做火箭俱乐部的计算工作。

火箭俱乐部本是一个草根俱乐部，但是钱学森的导师冯·卡门认为这个火箭研究非常好，加上俱乐部的两个成员史密斯和钱学森都是他的助手，所以他非常关注他们的研究，并尽全力支持他们，允许他们使用加州理工学院的古根海姆航空实验室。在几个月的时间里，火箭俱乐部在这个实验室里进行了多次实验。

那么，这样一个得到冯·卡门赞赏并支持的火箭俱乐部，

“自杀俱乐部”的“美名”又从何而来呢？这就得从火箭俱乐部的一桩“糗事”说起。

有一次，他们在进行实验时，不小心打翻了一瓶四氯化碳。四氯化碳是一种具有强烈难闻气味的化学气体，一旦混入空气中就会迅速弥漫开来，将大面积的空气都“污染”。而他们打翻了整整一瓶四氯化碳，顿时，整个加州理工学院都弥漫在古怪难闻的四氯化碳的气味中，火箭俱乐部作为“罪魁祸首”自然遭到了诸多不满的抱怨。

虽然面对众多指责，火箭俱乐部成员却没有灰心，而是更加积极谨慎地继续着他们的火箭试验。四氯化碳事件以后，他们又陆陆续续地出了不少意外。比如在实验过程中把四氯化碳和酒精混合使用作为火箭的燃料，结果火箭喷出了红褐色的气体和泡沫，把整个实验室喷得狼藉一片，不明就里的人如果这时走进实验室，没准会误以为这是命案现场呢。这些让人哭笑不得的意外经常轰动全校，火箭俱乐部也因此被美其名曰“自杀俱乐部”。

著名笑星周星驰曾经在一部喜剧片中说了一句十分经典的台词：“人如果没有梦想，那和咸鱼有什么区别?”所以，人只要有梦想并为之努力，总会有成功的那一天。火箭俱乐部的5个人有着同样的梦想，他们都梦想着有一天能亲眼看见自己研制的火箭升天。终于，他们的努力等来了“咸鱼翻身”的一天。

1938年1月，第六届全美航空科学协会年会在纽约召开。火箭俱乐部为了参加这次年会，由马林纳和史密斯主笔，写了一篇叫《探索火箭的飞行分析》的论文。在论文中，钱学森通过计算证明火箭理论上的飞行高度可以达到 10 万英尺。这篇论文得到了冯·卡门的赞赏，他自掏腰包赞助马林纳 200 美元去纽约参加年会。马林纳的论文在纽约年会上一炮而红，美国的许多媒体都报道了这篇文章以及加州理工学院的火箭俱乐部，一时间，马林纳和火箭俱乐部成了加州理工学院的新闻热点。

而令他们没有想到的是，让火箭俱乐部真正从草根“转正”的转折发生在这一年的秋天。1938 年秋，美国科学院所属的美国空军研究委员会召开紧急会议，参加会议的有许多知名大学的代表，冯·卡门和加州理工学院院长代表加州理工学院参加了这次会议。在会上，美国空军提出了 5 个亟待解决的科学难题，请几个大学的代表各自挑选其中一项进行研究，研究经费由美国军方直接拨款。

其中有一个难题就是为重型轰炸机设计制造一种助推火箭，以缩短轰炸机的助跑时间，使之能够在短时间内迅速起飞。这是一个在当时看来难度很高的课题，麻省理工学院和加州理工学院的代表都有权选择，但最后，麻省理工学院的航空系主任汉萨克教授认为这个课题难度太高，而且麻省理工学院对火箭没有什么特殊研究，于是就选择了另一个课题——制造飞机挡风玻璃的除冰装置。而冯·卡门则认为这个火箭研究的项目十分具有挑战性，于是他建议同去的米利肯院长选择这一课题。院长接受了他的建议，于是，这项秘密代号为“JATO”的火箭研制任务就落到了冯·卡门的头上。

冯·卡门教授带着“JATO”计划回到加州理工学院后，火箭小组的成员得知他们的草根俱乐部居然得到了美国军方的肯定，既欢喜又忧愁。欢喜的是从此不用为研究经费发愁了，忧愁的是他们的初衷并不是研制军用武器，而只是自娱自乐罢了。尽管不情愿，但他们还是接受了这个事实。

不久后，马林纳就前往华盛顿，向美国空军委员会汇报了他们的基本情况，还就“JATO”计划制订了初步的研究规划。研究规划通过审核后，他们得到了美国军方的1000美元拨款，作为“JATO”的启动资金。在研究的过程中，美国国防部曾派出专人来视察火箭小组的工作进程，视察人员对他们的工作颇为满意，向上级汇报后，火箭小组的研究经费“水涨船高”，由1000美元升到了1万美元。

不仅是国防部和空军委员会重视火箭研究，冯·卡门教授也十分关注这个课题。他亲自担任他们的指导老师，在每周一次的研讨会上担任主持，听取来自不同专业的小组成员一周来的新想法，然后给予指导、补充。在这种积极创新的氛围下，每个小组成员都干劲十足，他们不断地进行实验，攻克了一个又一个技术难关。实验的过程就是不断失败的过程，而意外也总是悄悄地藏于失败之中，在他们一不留神的时候突然来袭。

1939年3月，在一次常规的实验中，火箭居然很不合作地爆炸了！他们的实验室被炸得惨不忍睹，而这次还承蒙幸运之神照顾，他们几个小伙子都没事。马林纳平时坐的椅子遭到了一片金属碎片的“袭击”，幸亏他当时并没有坐在那里，否则后果不堪设想。但是爆炸声响彻校园，他们的“自杀俱乐部”在大家眼里已经名副其实了。

为了安全起见，学校明令禁止他们再在校园内进行此类危险实验。被“贬”出了学校，他们只得另寻场地做实验。在离加州理工学院几千米外的地方，有一个荒凉的阿罗约·克赛山谷，他们把新的实验室安在了山谷里干涸的河床上。后来，他们把这个地方奉为他们的福地，因为在这里，他们的一支探索火箭第一次飞上了天空，并且飞行了 1 分钟之久！这是一个莫大的胜利，他们也忍不住“爱屋及乌”地喜欢上了这个别样的实验基地。

终于，火箭被成功地研制出来了，而他们的“自杀俱乐部”是美国历史上最早研究火箭的组织。马林纳、钱学森、史密斯等 5 个小组成员也因此成了美国火箭研究界的“开朝元老”。他们的福地阿罗约·克赛山谷现在已是美国宇航局喷气推进实验中心的实验基地，它在固定的日子里会对游客开放，吸引了成千上万的航空爱好者前来参观、膜拜。

第二节 继续留美

1939 年 6 月，钱学森成功读完他的博士学位，戴上了博士帽。这意味着他从学士到硕士再到博士的学生生涯结束了，他面临着回国或留任加州理工学院的选择。这本来是一个不用选择的选择，因为当时钱学森在美国的学生签证已经到期，而且他本人也没想过留在美国发展，所以毕业后自然是回国。

1940年初，导师王助教授也写信给他，希望他回国工作。然而，他的卓越才华让导师兼合作者冯·卡门“不忍割爱”，为此，冯·卡门特意亲自去函王助教授，希望钱学森还能在美国再留一年，以继续他的研究。

冯·卡门这样解释他挽留钱学森的理由：

> 贵国学生钱学森先生是一位十分难得的人才，目前，他已经在高速气体动力学和结构学方面取得了非常可观的成绩。我们正在共同致力于浮筒与船舶的流体力学研究。
>
> 我对贵国希望钱学森先生回国发展的举动表示十分理解，我本人也绝无耽误钱学森先生为国效力的意图。但是，诚如您所说的，每个人都可以用各自不同的方式报效祖国。我相信，钱学森先生如果能在回国前对航空领域多做些研究，对贵国的航空领域的发展会有更大的益处。
>
> 基于以上观点，我诚恳地希望钱学森先生能在美国再留一年，而且钱学森卓越的工作能力以及开朗合群的个性也让人与他合作起来十分愉快。但是，请相信，我提出这样的建议绝非出于我的私心。

由于冯·卡门教授的再三挽留，本来已经打算好回国的钱学森陷入了矛盾中，“回国或不回国，这是个问题”。权衡再三，钱学森决定继续留美一年，这样一来既不拂导师挽留的美意，二来美国的研究条件毕竟比国内先进许多，自己又可以深入研究，将更好的研究成果带回祖国。就这样，钱学森博士毕业后在加州理工学院担任助教，同时也继续研究航空动力学以及流体力学。

第三节　总统关注

德国是世界上最早研究火箭的国家，其在1927年建立的火箭协会是第一个火箭学术研究组织。20世纪20年代末，德国陆军少将卡尔·贝克尔就开始探讨利用火箭运载炸弹的可能性。1930年，德国军队召开火箭武器研制会议，正式将火箭研制提上了日程。

1932年，德国军方挑选了4位火箭专家组成了火箭小组，这4位专家分别是：冯·布劳恩、瓦尔特·里德尔、鲁道夫·内贝尔和克劳斯·里德尔。德国军方不惜投入大量资金研制火箭，耗资几亿马克在德国东北部一座隐秘的小镇建立了火箭研究基地。这个叫佩尔德明的小镇靠近海边，运输便利，人口稀少而且当地居民皆是渔民。为了保证安全且隐蔽，德国军方在基地周围都装上了电网，严禁无关人员接近。研究中心的几千名科研人员每天争分夺秒夜以继日地工作，希望能尽快完成火箭研制任务。

德国科学家超负荷地努力工作，但大部分科学家却并不知道，他们正在研制的是法西斯主义头目希特勒准备用来发动世界大战的杀伤性武器。1939年9月，德国突袭波兰，第二次世界大战揭开了序幕。在最初的几个月里，德国法西斯依靠强大的军事实力和计划完善的战争策略在战争中连连取胜，横扫欧洲大陆。在希特勒的装甲军队以意料之中的速度占领了法国之后，法西斯主义又把贪婪的铁蹄伸向了英国。

英国是一个岛国，与欧洲大陆隔着一条英吉利海峡。希特勒的大部队不方便渡海作战，于是改用空军对英国进行轰炸。然而，英国人民并没有如希特勒所想象的那样容易被征服。面对希特勒军队 1800 多架标着法西斯标志的飞机在城市上空的狂轰滥炸，英国军民在首相丘吉尔的领导下顽强抵抗。丘吉尔首相一方面在广播、电视上发表演说，激励人民的斗志，稳定民心，另一方面致电罗斯福总统，请求美国支援。英国军民的顽强抵抗超出了希特勒的预料，擅长速战速决的“闪电战”的德国久久不能使英国投降，德国军力被消耗，“二战”进入了胶着状态。

炸弹无法炸到英吉利海峡对岸，空军也连连受挫，希特勒见势不妙，命令德国军方加速火箭研究进程。因为只有这种可以装载炸药而且受制导系统控制的新型武器可以将炸药准确无误地送到英国伦敦的土地上。

虽然德国的火箭研究工作严格保密，但显然也没有逃过无孔不入的美国情报员的“法眼”。得知德国正在研制新型秘密武器，美国总统罗斯福开始坐立不安。他一方面命令美国军队提高警惕，随时做好战争准备；另一方面召开紧急会议，召集各方面的专家讨论研究怎样才能更好地发展科技，尤其是发展当务之急的军事科技。

在世界大战爆发前夕，美国科学家爱因斯坦曾写信给罗斯福总统，告诉他德国的科学家正在秘密研制新的重型炸弹，而制成这种炸弹的核心元素是铀。一旦被德国抢先制造出这种炸弹，后果将不堪设想。这封信引起了罗斯福总统的高度重视，他马上召开会议讨论此事，并成立了一个“铀元素咨询委员会”。几个顶尖的理工大学的专家教授纷纷参与到这个咨询会的讨论中，研究利用铀元素制造原子弹的可能性。加州大学伯克利分校的物理学教授罗伯特·奥本海默在仔细评估制造原子弹的可能性后，给了罗斯福总统肯定的答案。罗斯福总统当机立断，立即下令开始制造原子弹，这项计划被命名为“曼哈顿计划”。

“曼哈顿计划”在首席科学家罗伯特·奥本海默的领导下紧锣密鼓地进行着。1941 年 12 月 7 日，日本偷袭美国在太平洋的军事基地珍珠港，美国被迫对日宣战，加入了第二次世界大战。1943 年 4 月，奥本海默建立了著名的原子弹实验室——罗斯·阿拉莫斯实验室。在美国军方的支持下，这个实验室由最初的几百名科学家迅速拓展到了 6000 余人。两年多之后，6000 余人呕心沥血的工作终于换来了回报，世界上第一颗原子弹制成了。1945 年，美国在日本广岛和长崎分别投下了一颗原子弹，日本宣布投降，原子弹的研制成功加速了“二战”结束的进程。

罗斯福总统拨款几十亿美元投入军事科技的研究，希望在军事装备上赶上甚至超过德国。除了原子弹，罗斯福总统还批准了另外两项军用武器的研制，那就是火箭和导弹。有了火箭和导弹，原子弹就可以实现定位发射，想打多远就打多远。由于冯·卡门领导着一个“火箭俱乐部”，所以这个任务就顺理成章地落到了冯·卡门肩上，同时他还兼负研制导弹的任务。

1941 年，由于得到美国政府的官方支持，原本是草根的“火箭俱乐部”得以扬眉吐气，摇身一变成了“美国航空喷气通用公司”，由冯·卡门担任公司总经理，马林纳为司库，而钱学森则担任公司总顾问。1941 年 8 月，“JATO”计划成功完成，这种重型轰炸机的火箭助推器在参加“二战”的美国军队中得到了广泛的应用。

“JATO”计划能顺利完成，钱学森功不可没。除此之外，钱学森还在空气动力学中有许多新的建树，发表了众多论文。此时的钱学森已不仅是冯·卡门最亲密的科研合作者，而且也是一位小有成就的科学家。而处于战争时期的美国由于扩军备战，正急需这样优秀的人才。所以，为了进一步留住钱学森，冯·卡门积极奔走，终于在 1941 年 8 月将钱学森的身份由学生改为访问学者。

然而，钱学森却不能再参与火箭研究。因为按照美国政府的规定，外国人不能参与任何涉及军事机密的研究工作。钱学森明明是最顶尖的火箭研究学者，却不能参与火箭研究，冯·卡门深感遗憾。尽管知道成功的可能性很小，但冯·卡门还是努力说服美国国防部为钱学森破例。终于，在 1 年之后的 1942 年 12 月，经冯·卡门推荐和美国宪兵总司令部人事安全主管巴顿上校的亲自审核，钱学森获得了安全认可证，获准参加美国一切军事机密的研究工作。

第四节　五角大楼

1943年9月，英美联军大败意大利军队，作为德国盟友之一的意大利被攻陷，意大利法西斯头目不得不举手投降。而德国也一直陷在英国的泥潭里，久攻不下，越来越处于战争劣势。此时，火箭V-2已经被研制出来，正在进行批量生产。纳粹德国尽一切可能加快V-2的批量生产，从最初预定的几十枚增加到了几千枚，纳粹德国欲借此挽回失败的命运。

就在德国大量生产准备投入到欧洲战场的V-2火箭时，盟军情报人员得到可靠情报：德国的火箭研究基地就在德国东北部的佩尔德明！英国军令部制订了一举铲除德军火箭基地的秘密计划，代号“九头蛇”，行动定在1943年8月17日。这天晚上，月光皎洁，如往常一样静静地照耀着佩尔德明冷清的街道。火箭基地的科研人员也一如既往地进行着繁忙而紧张的工作，浑然不觉危险的来临。

轰炸时间来临了，英国空军元帅阿瑟·哈里斯爵士一声令下，英国皇家空军的571架重型轰炸机神不知鬼不觉地飞到了佩尔德明的上空，投下了2000多枚炸弹，作为与德国火箭研究基地的“见面礼”。炸弹在佩尔德明尽情爆炸，佩尔德明瞬间成为一片火海。火箭基地的实验室、工厂和宿舍大部分被摧毁，735人失踪或死亡，最初4人火箭小组的成员之一瓦尔特·里德尔博士也葬身火海。

这次“九头蛇”行动给法西斯德国的火箭研制工作予以沉重打击，直接影响了德国在“二战”中的行动速度，最直接的后果是V-2的生产进度被耽误了，德国不得不将火箭生产基地转移到了中部山区里。

1944年6月6日，英美联军登陆诺曼底，在欧洲开辟了第二战场，战局形势从此急转直下，法西斯德国开始处于劣势。为了扭转被动局面，也为了报佩尔德明的“见面礼”之仇，德国“礼尚往来”，在6月13日向英国伦敦发射了第一枚V-1火箭。在接下来的6月至9月，德国先后向英国发射了几千枚火箭，大部分落在英国领土上，只有一小部分被击落。这些火箭造成了大量的人员伤亡，伦敦市民每天都处于极度的惶恐之中。

这些火箭让盟军认识到了火箭在军事上的强大威力，冯·卡门等火箭研究人员意识到，美国现阶段的技术还远远落后于德国。为了更详细地了解德国火箭在实战中的具体情况，冯·卡门派马林纳飞往战火连天的伦敦实地考察。

与此同时，美国在冯·卡门的领导下成立了美国国防部空军科学顾问团，冯·卡门任团长。该顾问团主要的任务就是评估航空领域研究和发展的趋势，评价美国航空技术发展的现状，以及预测未来一段时间内的发展，为如何奠定美国在未来航空领域的领先地位提出建议，撰写国防部有关科学技术方面的报告等。冯·卡门向美国国防部推荐钱学森加入顾问团。

珍珠港事件之后，美国对日本宣战，蒋介石政府也对日宣战，中国与美国成了友好盟国。由于持的是中华民国护照，再加上冯·卡门的极力推荐，钱学森通过了认证，被允许加入顾问团。他从洛杉矶飞往美国首都华盛顿，到美国国防部所在地——著名的五角大楼上班。他是为数不多的可以佩戴金章出入五角大楼的外国人之一，要知道，这个金章是参与美国最高国家军事机密的通行证。

第五节 "火箭大王"

1945年8月15日，这是一个被载入史册的日子。这一天，日本昭和天皇宣布无条件投降，第二次世界大战以同盟军的胜利而告终。对于参与"二战"的其他国家来说，这意味着战争状态的结束，而对于美国和苏联两个大国来说，"二战"的结束却成为另一场新的战争——冷战的开始。这是一场美国与苏联两个超级大国之间的较量，时间长达几十年。

20世纪40年代，美国和苏联都十分发达，尤其在科技方面实力都雄踞一方。"二战"后期，苏联与美国签订秘密协议，将德国一分为二，两个国家各占一半。协议规定，苏联在战后可以占领东部德国，美国则占领西部。"二战"后期，德国向英国伦敦发射的火箭让美国和苏联意识到火箭威力的强大以及德国在这方面的领先科技，所以两个国家都对德国的火箭基地以及火箭科学家虎视眈眈。按照协议划分的界限，当时德国在佩尔德明被轰炸后的新火箭基地属于苏联占区。

美国为了在战后第一时间占领火箭基地，网罗德国的顶尖火箭科学家，制定了秘密的“回形针”计划。德国的火箭科学家就好像漫天飞舞的纸片，在德国战败后不知何去何从，而有了回形针就可以夹住纸片，这个回形针就暗指当时德国火箭研究的关键人物、“火箭大王”冯·布劳恩。

1945 年初，美国从西面进军，苏联从东面进军，美苏两面夹击德国。两方军队都接到命令，要不惜一切代价网罗德国的火箭专家以及相关人员，冯·布劳恩便是他们搜罗的头号目标。1945 年 4 月 11 日，美国不顾事先与苏联的协议约定，在战后第一时间进入了德军的火箭基地诺德豪森市。在诺德豪森的地下工厂里，美国发现了大量的火箭设计图纸、资料，以及已经完工的火箭 V-2 和导弹制造设备。美国军队把其中大部分可以移动的都用军车运回美国，足足装满了 300 多个车厢。此外，美国军队还俘获了在佩尔德明轰炸中被及时转移而幸存下来的近 500 名火箭、导弹专家，以及他们的 600 多名家属。

美国已经将德国火箭基地“扫荡一空”，而苏联军队还毫不知情。几个小时后，等到他们匆忙赶到那里的时候，才绝望地发现火箭工厂已经人去楼空，连一些美军搬不动的大型火箭和导弹设备也被美军用炸药摧毁。

然而，美国军队却没有在俘获的科学家中发现他们最重要的目标冯·布劳恩。原来，冯·布劳恩在美军到达诺德豪森之前已经转移到了慕尼黑的一个小镇上，和他一起走的还有 100 多位火箭研究专家。冯·布劳恩和这些专家紧张地商量对策，摆在他们面前的有几条路：去英国、苏联还是美国？

英国是不能去的，因为英国遭受德国的火箭轰炸最严重，而他们是制造火箭的罪魁祸首，英国人民是不可能原谅他们的。其次，苏联是社会主义国家，而他们都是主张资本主义的德国人，所以这似乎也不是好的选择。最后，候选的就只剩下美国了。于是，“识时务者为俊杰”，他们一致决定投降美国。

所以，当一支美国军队在慕尼黑巡逻时，他们派出了冯·布劳恩的弟弟去谈判。美国军队大喜过望，真是踏破铁鞋无觅处，得来全不费工夫！他们简直不敢相信，德国的“火箭大王”向他们投降了。当冯·布劳恩走进他们的营地时，他们再一次震惊了：这个闻名世界的“火箭大王”竟然看起来相当年轻，才 33 岁！一位美国士兵不可思议地说：“如果我们不是抓到了德国最伟大的科学家，那我们肯定是抓到了世界上最大的骗子。”

苏联在被美国捷足先登之后，积极商量对策，试图从美国手里抢回一些科学家。他们实行了“面包换人”计划。他们将战时短缺的面包和黄油直接摆在苏占区边检站上，号召德国的火箭科学家和工程师去吃面包。这一奇怪的方法还真的奏效了，有一部分科学家被吸引了过去，后来“理所当然”被俘虏，成了苏联的科学家。但是，即使这样，美国依然俘获了德国 90%以上的火箭专家，苏联得到的只不过是很少的一部分。

成功俘获这些科学家后，美国国防部派出了顾问团，前往德国审讯这些科学家。顾问团由冯·卡门领导，钱学森是他的主要助手。他们代表美国军部，穿上了一身戎装，冯·

卡门是少将，而钱学森是上校。冯·卡门当初由于犹太人身份被纳粹逼出德国，如今一身少将军装，代表战胜国美国重返德国，不禁感慨万千。而钱学森也没想到，第一次去欧洲就是去火箭技术最发达的德国，他在高中时选修的第二外语德语此时终于派上了用场。虽说他的德语并不流利，但是能听懂德语毕竟给他带来了很大的帮助。在整个考察过程中，钱学森一直随身携带笔记本，做了非常详尽的考察记录。在回国后交给美国国防部的报告中，一共有 9 大篇，冯·卡门写了第一篇，其他的 8 篇中有 5 篇都出自钱学森之手。

顾问团此次考察的地方很多，他们先后考察了隐藏在德国布伦瑞克密林里的空气动力学研究所和位于诺德豪森的火箭和导弹基地。然而，对于冯·卡门和钱学森来说，最期待的却是与两个人物的见面：路德维哥·普朗特和冯·布劳恩。

路德维哥·普朗特是德国哥廷根大学的教授，是世界公认的近代流体力学的奠基人，被称为“空气动力学之父”。他认为研究空气动力学必须进行模型试验。1906 年，普朗特设计、建造了第一个风洞，从此风洞成为研究空气动力学的必备研究手段。冯·卡门在德国哥廷根大学攻读博士学位时，普朗特教授是他的导师。后来，冯·卡门被纳粹赶往美国，从此与导师天各一方，各侍其主。冯·卡门从此加入美国籍，效忠于美国，而普朗特则为纳粹德国卖命。然而，作为科学家，普朗特希望自己的研究成果可以造福人类，而不是用来毁灭城市和生命。他与纳粹的合作完全是被逼的。

德国有名的冷血人物，当时德国的空军总司令海因里希·希姆莱以空军总监的身份召见了普朗特，要求他为德国空军研制超音速喷气飞机。普朗特知道海因里希是纳粹党卫队队长，绝非善类，所以委婉地拒绝了他的要求。然而，几天之后，他就发现他的助手和几个优秀学生被盖世太保（纳粹德国秘密警察）逮捕了。普朗特知道如果自己不合作，他们就会被无情杀害，无奈之下，普朗特只得选择合作。

钱学森与导师冯·卡门在德国会见普朗特教授（左一）

这一次，冯·卡门与恩师久别重逢，但是见面却并不愉快。因为普朗特是作为俘虏接受美国军方审讯，而审讯他的不是别人，正是他当年的得意门生，如今的美国少将冯·卡门。然而，这次见面在空气动力学历史上却具有重大意义，因为这是普朗特、冯·卡门和钱学森三代空气动力学家的历史性会面——普朗特是冯·卡门的导师，而冯·卡门是钱学森的导师。

对于钱学森来说，这次与普朗特教授的见面还有一个意外的收获，那就是经普朗特教授介绍认识了普朗特的中国女学生陆士嘉。陆士嘉是钱学森的同龄人，1938 年来到德国哥廷根大学。她能拜普朗特为师，还有一个小小的传奇故事。当初，她想拜普朗特为师，但是普朗特看她是中国人，又是女生，不愿意收她。陆士嘉对这样的拒绝理由不服气，她提出让普朗特对她进行一次考试，然后再决定要不要收她为研究生。看到考试结果后，普朗特惊讶地发现，这个倔强的女生比他想象中要优秀得多，并且丝毫不逊色于他手下现有的研究生，于是“收留”了她。而后来的陆士嘉也没有让普朗特失望，她在普朗特指导下完成了论文，拿到了博士学位。

陆士嘉于 1947 年回国，新中国成立后，她在北京航空学院任空气动力学教研室主任，成为中国空气动力学专业的主要奠基者之一。

审讯过普朗特教授后，冯·卡门和钱学森继续他们的考察之旅，这一次，他们的目的地是慕尼黑。慕尼黑是希特勒发迹的地方，然而当钱学森随顾问团来到这里的时候，目之所及全是残垣断壁，因为这里曾遭到盟军的猛烈轰炸。在慕尼黑附近的一个美国军营里，冯·卡门和钱学森终于见到了久闻大名的德国“火箭大王”冯·布劳恩。

冯·布劳恩比钱学森年轻 1 岁，是一位身材高大的德国人。他的研究经历与钱学森类似，他和几个伙伴也建立了一个类似钱学森与马林纳的“火箭俱乐部”的组织——德国太空旅行协会。起初，他们只是想制造玩具火箭，去太空旅游探险罢了。后来，他们的举动引起了德国军队的注意，军队

请专门的科学家领导他们，并建立了火箭研究中心。在研究的过程中，冯·布劳恩并不知道他们研究的火箭会用于战争，所以，他一直以太空旅行为动力，全身心地投入到火箭的研究中去。但是，希特勒是个战争狂人，“乘火箭遨游太空”对他没有任何吸引力，他关心的是火箭作为武器的强大摧毁力。1944 年 6 月 13 日，这是冯·布劳恩经历过的“人生中最黑暗的日子”，因为这一天德国向英国发射了第一枚 V-1 火箭。冯·布劳恩说：“我们的火箭表现得十分完美，但是它不该在这个星球上着陆。”

第六节　晋升教授

欧洲考察结束后，在冯·卡门的指导下，钱学森主笔写了名为《我们的位置》的考察报告，对比了美、德两国在火箭研究方面的差距，并对美国在火箭研究方面的未来发展提出了一些设想。鉴于钱学森在欧洲考察过程中的卓越贡献，加州理工学院在 1945 年冬晋升他为航空系副教授。

1946 年夏季，因为与加州理工学院当局在某些问题上的尖锐分歧，冯·卡门教授愤然辞职，转到麻省理工学院任教。作为冯·卡门的得意门生兼亲密合作者，钱学森自然是跟导师同进退。在麻省理工学院他依然任航空系副教授，专教空气动力学。不久，他晋升为正教授。

正教授之上还有一种更高级别的教授，那就是终身教授。终身教授没有解聘压力，一经聘任即可以任教到退休，中间不需要接受学校的阶段性考核，退休后还可享受学校的终身教授津贴。美国自 1940 年开始实行终身教授制。通常，像麻省理工学院这样的大学有上百名教授，但是每个系只有两三名是终身教授。在美国，要晋升为一个大学的终身教授，条件是很严格的：必须在大学工作 6 年以上，得到同事的认可和学生的拥戴；必须在权威杂志上发表相当数量的论文，得到过国家的科研基金等。

而钱学森在麻省理工学院任教不到 1 年的时候，由冯·卡门推荐，他不仅成为了麻省理工学院的正教授，同时晋升为该校的终身教授。那是 1947 年，他仅 36 岁，是麻省理工学院历史上最年轻的终身教授。

第四章
良缘天成

第一节 首次回国

1947年，正当钱学森晋升为麻省理工学院终身教授，在事业上如日中天的时候，一纸家书从中国飞到美国。钱学森从信上得知，父亲钱均夫要做胃部大手术。钱学森立即决定回国探望父亲。

从1935年第一次坐“杰克逊总统号”邮轮去美国，到1947年为止，钱学森已经在美国待了整整12年，这是他12年来首次回国。重新踏上祖国的土地后，钱学森看到了一个与记忆中不一样的上海，一个灯红酒绿、混乱不堪的上海。

1945年日本投降后，蒋介石邀请毛泽东到重庆谈判，名曰“共商建国大计”。双方签订了《双十协定》，然而协议上的签字墨迹未干，毫无诚意的蒋介石就发动了全面内战，中国又陷入了水深火热的战争之中。战争期间，国民党统治下的南京政府腐败无能，全国物价飞涨，通货膨胀严重，黄金价格竟然一天之内涨了5次之多！上海是通胀最严重的城市之一，物价飞涨至“二战”前的1万多倍。

钱学森回国的消息立即在国内传播开来，各家报纸纷纷报道。钱学森应邀到清华大学、浙江大学、上海交通大学等各个名校演讲，反响十分热烈。北京大学校长胡适邀请钱学森担任北京大学工学院院长，然而，最希望把钱学森“挖”过去的还是清华大学。钱学森是清华大学派出的公费留学生，清华大学当然希望他能回到母校。

早在1939年钱学森获得博士学位，王助教授邀请钱学森回国发展时，清华大学已经计划聘请钱学森为副教授。但钱学森当时选择了留在美国继续发展。1944年，清华大学校长梅贻琦又决定聘请钱学森为航空研究所教授。然而，当时的清华大学由于战争原因迁至昆明，交通不便，远在美国的钱学森并不知晓这些决定。

此次钱学森回国，国民党政府教育部决定聘请他为上海交通大学校长。教育部曾多次派人与钱学森洽谈此事，都被钱学森以研究尚未完成为由委婉地拒绝了。其实，更深层次的原因是，钱学森看到当时的国民党政府腐败无能，风雨飘摇，他不愿意为这样一个政府装点门面。

第二节 青梅竹马

在上海市南京东路外滩，矗立着一座有着10米高、墨绿色屋顶的标志性建筑——和平饭店。和平饭店在1992年被世界饭店组织纳入“世界著名饭店”，是中国第一家获此殊荣的饭店。和平饭店在1956年以前叫沙逊大厦，它于1929年竣工，因其英国老板的名字维克多·沙逊而得名。当时的沙逊大厦是上海顶级的饭店之一。

1947年9月17日，沙逊大厦举办了一场隆重的婚礼，新郎就是钱学森，而站在他身边，与他一起郑重宣读结婚誓词的新娘则是他青梅竹马的“干妹妹”——小他8岁的蒋英。

结婚前的蒋英

钱学森夫妇结婚照

蒋英的父亲蒋百里是著名的军事理论家。早年在杭州读书时，蒋百里与钱学森的父亲钱均夫是同窗好友。后来，两人渐渐成为生死之交，蒋百里去日本求学时甚至托钱均夫帮助他照顾病重的母亲，可见他们之间关系的亲密度。蒋百里曾是包办婚姻的受害者，他和家里的那位门当户对但目不识丁的原配夫人查品珍没有任何共同语言，为此，他不甚苦恼。

从日本陆军学校毕业，又去德国进修了一年之后，蒋百里在1912年辛亥革命后被聘为保定陆军军官学校校长，并被授予少将军衔。当时，保定陆军军官学校和天津北洋武备学堂、广州黄埔军校三足鼎立，是中国的三大军事名校。年轻有为的蒋百里为了将保定陆军军官学校办成一流的军官院校，曾多次向袁世凯申请经费，皆空手而归。他向袁世凯辞职，袁世凯不批准，一怒之下，血气方刚的蒋百里在1913年的一个清晨，当着全校2000多名师生的面开枪自杀，幸而枪口未中要害，蒋百里从鬼门关捡回了一条命。

然而，蒋百里心情郁闷难当，在枕头下藏了许多安眠药，准备趁人不备时再次寻死。古人云：大难不死，必有后福。蒋百里躺在医院，整日郁郁寡欢，负责护理他的护士长佐藤屋子幸小姐在细心照顾他之余，对他百般安慰，竭力劝他万万不可轻生。久而久之，刚烈的蒋百里与温柔的佐藤小姐之间情愫暗生，互相爱慕，一段跨国恋情就这样开始了。

1年以后，佐藤小姐改名蒋左梅，与蒋百里结婚。婚后，他们育有5个女儿，分别是蒋昭、蒋雍、蒋英、蒋华和蒋和。蒋家与钱家都住北京，两家交往甚密。拥有“五朵金花”的蒋家让膝下只有钱学森一个儿子的钱均夫夫妇甚是羡慕，钱学森的母亲章兰娟一直希望有个女儿，由于两家的亲密关系，钱学森的母亲章兰娟央求蒋百里过继一个女儿给她，蒋百里爽快答应。三女儿蒋英活泼可爱，最受章兰娟喜爱，于是蒋百里便把蒋英过继给了钱家。

蒋英与奶妈一起到了钱家，改名“钱学英”。那年，13 岁的钱学森突然多了一个 5 岁的“钱学英”妹妹，不禁十分高兴，两人相处甚欢。有时，大蒋英 8 岁的钱学森不愿意跟蒋英玩，聪明的蒋英却总有办法。有一次，钱学森在吹口琴，蒋英见状，也想吹。但是钱学森嫌她太小，不给她吹。蒋英就使出女孩子的看家本领，又哭又闹，直到惊动了钱学森的爸爸。钱均夫过来询问蒋英怎么回事，蒋英一边断断续续地抽泣着，一边撅着嘴指着钱学森说：“大哥哥，他欺负我，他不给我吹口琴。”钱均夫训斥了钱学森一番，然后带着已经眉开眼笑的蒋英去市场买了一个新的口琴。

蒋英在钱家待了一段时间后，蒋百里夫妇非常思念女儿，便跟钱家提出想把女儿蒋英接回去。蒋英自己亦十分想念父母和姐妹，况且，从小生活在热闹的蒋家，生性活泼的蒋英觉得钱家有些沉闷，于是，蒋英又回到了自己的家，但是钱学森的母亲章兰娟跟蒋百里有个约定：钱家收蒋英做干女儿，等她长大以后，要嫁到钱家做媳妇。做干女儿是真，嫁到钱家做儿媳妇却只不过是父母之间随口的一句玩笑话罢了。

蒋英读中学时，钱学森曾特意去蒋英的学校看望她。这时的两人已经朦胧懂事，都对“干哥哥”和“干妹妹”这样的称呼感到有些不自在。1935 年，蒋家有女初长成，16 岁的蒋英已经亭亭玉立，言谈举止间颇有大家闺秀的风韵。钱学森出国前，蒋百里曾携蒋英特意前去看望钱学森，给他饯行。蒋英爱好音乐，弹得一手好钢琴，而钱学森从小就对音乐很感兴趣，在上海交通大学时还是学校管弦乐队的成员。钱学森与蒋英在一起趣味相投，谈话十分投机。

在钱学森去美国留学的第二年，蒋英被父亲蒋百里带到德国，在一所贵族学校学习。从此，钱学森与蒋英天各一方，断了联系，直到 1947 年钱学森回国，他们的人生才又有了交集。

第三节　女歌唱家

蒋英从学校毕业后，考上了德国国立柏林音乐大学声乐系，师从著名的男中音海尔曼·怀森宝，学习西洋美声唱法。在音乐专业之外，她还对语言十分感兴趣，自学了法语、意大利语和英语。

1936 年，蒋百里奉命去欧美各国考察军事，11 月，他的欧洲考察之旅结束，蒋百里与夫人蒋左梅从欧洲飞往美国考察。到洛杉矶时，他们夫妇特意去看望了在加州理工学院学习的钱学森。临走时，蒋百里送给钱学森一张蒋英的照片，似乎在暗示钱学森追求自己的女儿。别看钱学森在科学研究上有着惊人的才华，但在追求女生的本领上却是一窍不通。拿着这张“准岳父大人”亲自送给的照片，傻傻的钱学森只是在一个人的时候痴痴地欣赏着，却从未想过要与照片的主人联系。

1940 年，英国对德国进行狂轰滥炸，柏林变得十分危险。蒋英只得转移到邻近的中立国瑞士，进入卢塞恩音乐学院学习。在这里，蒋英的导师是来自匈牙利的歌唱家易罗娜·杜格丽，而在大西洋的彼岸，钱学森也跟着一位同样来自匈牙利的导师冯·卡门。

蒋英在毕业前夕参加了瑞士国际音乐节，她甜美的歌喉得到大家的一致称赞。1944 年，蒋英从音乐学院毕业，签约德国有名的德律风根公司，期约 10 年。1945 年，第二次世界大战结束。1946 年，归心似箭的蒋英在海上乘船“漂流”了 1 个多月，终于回到了上海。

上海茂名南路的兰心大剧院是一幢欧式风格的建筑，建于 1930 年，是上海当年设施最完备的剧院。这里不仅是剧团演出的场所，同时也是上海的名流权贵进行社交活动的场所，出入者皆为身穿燕尾服的绅士和长裙曳地的淑女。1947 年夏季，蒋英在兰心大剧院举办了独唱音乐会。独唱音乐会非常成功，蒋英一时成了上海各家媒体争相报道的新闻焦点。

第四节 永结连理

1945 年，钱学森曾与导师冯·卡门率领的顾问团到欧洲德国、英国和法国考察，当时蒋英人在瑞士，两人无缘相见。1947 年，当蒋英的天籁之音久久飘荡在上海上空时，钱学森也回到了上海探望父亲。钱学森与蒋英这一对青梅竹马的“兄妹”终于在上海重逢。

大概是一直对蒋英情有独钟，钱学森在36岁之前一直没有女朋友。在美国时，他的朋友都知道，给钱学森介绍女朋友基本上是一个不可能完成的“艰巨任务”。这并不是朋友们夸张，有事实为证。有一次，朋友赵元任给他介绍了一个女孩子，两人见面之后，赵元任让钱学森把那个女孩子送回来，结果钱学森竟然把那位无辜的女孩子弄丢了。

虽然钱学森在感情方面比较愚钝，但是显然这个不算是缺点的缺点并不妨碍蒋英的父亲蒋百里对钱学森的喜爱。在加州理工学院看望钱学森时，他还“别有用心”地送了一张蒋英的照片给他。而钱学森的父亲钱均夫也一直牵挂着“干女儿”，在蒋英回国后，他每次去蒋英家，都要向蒋英的家人打探她是否有男朋友。

蒋英的奶妈跟钱均夫开玩笑说：“我们家老三朋友多着呢。”那时的蒋英其实并没有正式的男朋友，但是她出色的气质引得许多年轻人拜倒在她的石榴裙下，追求者趋之若鹜。在这些人中，不乏年轻有为者，但却没有一个令蒋英为之心动。

钱学森回国后，经常去蒋英家玩，名义上是看望蒋夫人（蒋百里于1938年病逝），其实主要目的是看望蒋英。起初，大家都没有看出钱学森对蒋英的钟情，许多人让蒋英帮忙给钱学森介绍对象，蒋英就真的给他介绍了一个。钱学森和被介绍的女孩子坐在一起，他却不看人家，也不知道要说些什么，倒是和“红娘”蒋英聊得很投机。

朴实的钱学森不知道要怎样才能追到蒋英，每次去蒋家也不知道要给蒋英买些啥礼物，更不会说那些甜言蜜语了，但是，蒋英却不计较这些浮夸的恋爱技巧，她觉得钱学森为人耿直，才华横溢，学识渊博，他36岁就当上麻省理工学院终身教授，这让她钦佩不已。

就这么一来二去，钱学森和蒋英之间的爱情开始萌芽了。1个多月后，钱学森要回美国了，他请求蒋英跟他一起去美国。蒋英迫于女孩子的矜持，没有马上答应他，而是对他说："我还想一个人过过单身日子，我们还是先写信吧。"钱学森急了，说："不行，现在就走，马上跟我去美国。"蒋英被他弄得哭笑不得，经不住他的软磨硬泡，就答应了他。

去美国之前，钱学森与蒋英在上海沙逊大厦举行婚礼，他们携手走进了婚姻殿堂，永结连理。蒋英从钱家曾经的"过继女儿"变成"干女儿"，兜兜转转，到最后终于如愿以偿地嫁进了钱家，变身"儿媳妇"，成就一段良缘佳话。

1947年9月，钱学森先乘飞机离开上海，回到了波士顿的麻省理工学院。1个多月后，他美丽的新婚妻子蒋英也来到了波士顿。这对新婚夫妇在麻省理工学院附近租了一幢房子作为他们的新家，为了不让太太寂寞，钱学森还专门给蒋英买了一架黑色的大钢琴作为结婚礼物。冯·卡门以及钱学森的其他朋友们都非常喜欢蒋英，他们评价她是一位"可爱、美丽又迷人"的女士。

钱学森与蒋英相处得十分愉快。钱学森做得一手好家常菜，他们经常在房间招待朋友。聚会时，钱学森负责做饭，蒋英则负责招呼客人。当钱学森兴致勃勃地端上他的拿手好菜时，蒋英总是一边帮忙一边对朋友说：“我们家钱学森可是大师傅，我都只能给他打打下手。”而钱学森则总是谦虚地一笑而过。吃饭时，钱学森细心地给蒋英夹菜，而蒋英则喜欢和他的朋友们打成一片，和别人碰杯。有时，钱学森也跟朋友们开玩笑，说蒋英是他们家的“童养媳”。

蒋英是一位女高音歌唱家，每当听到蒋英的歌声时，钱学森都由衷地表示赞叹，并为自己有这样一位妻子而感到幸福。蒋英的歌声甜美如天籁，听起来本就是一种享受，但是对于钱学森来说，她的歌声还有另一个神奇的“功效”：每当钱学森在学术问题和科学研究上碰到瓶颈，百思不得其解时，蒋英的歌声总能让他豁然开朗，从而得到某种启示。

钱学森夫妇两人都是十分爱好艺术并且品位不俗的人，他们的业余生活也充满着艺术气息。由于对音乐的共同爱好和相似品位，钱学森和蒋英常常在工作之余去听音乐会。钱学森还喜欢美术，他的水彩画画得很不错，所以，看画展也是他们日常的休闲活动之一。

1948 年 10 月 13 日，钱学森的儿子在波士顿一家医院出生。按照钱家取名的传统，以“继学家承，永守箴规”论资排辈，钱学森的儿子轮到了“永”字辈，钱学森给他取名“永刚”，希望他做一名刚强的男子汉。儿子出生后，钱学森作为父亲，经常参加家长会，还给托儿所当免费“劳动力”，负责修理破玩具等。他做这些事情时，总是乐在其中。钱学森一家三口的生活简单幸福，其乐融融。

第五章
艰难回国

第一节 回国遇阻

1946年夏，钱学森的导师冯·卡门因为与加州理工学院当局的意见不合而辞职。1949年，加州理工学院新校长杜布里奇上任后，致函冯·卡门和钱学森，希望他们能回到加州理工学院工作。冯·卡门决定与加州理工学院“冰释前嫌”，回去工作。钱学森毫无疑问又一次与导师共进退。这年夏天，他们一起回到加州理工学院任教。加州理工学院建立了一个古根海姆喷气推进实验室，钱学森任该实验室主任。

而此时，冯·卡门正遭遇人生最灰暗的时期。他的父亲去世了，不久，他的母亲和妹妹也先后病逝。冯·卡门终身未婚，除了他的研究，这3位亲人对他来说几乎意味着全部，而他们竟然在短时间内先后离他而去，这让他十分悲痛，他决定去欧洲休息一段时间，走之前，他将自己办公室的钥匙交给钱学森，并对他说：“我的父亲、母亲和妹妹都走了，我也要走了。我决定，由你来接替我的工作。”就这样，钱学森成了冯·卡门事业的接班人。

冯·卡门是空气动力学方面独一无二的殿堂级人物，而钱学森是被他“钦点”的接班人，可见钱学森在学术研究上的高深造诣和巨大潜力。然而，就在钱学森刚接过冯·卡门的衣钵，准备大展拳脚，将导师的研究继续进行下去时，麻烦来了——美国联邦调查局盯上他了。钱学森一直是一个成就斐然、受人景仰的科学工作者，也从来是个遵纪守法的良好公民，怎么会惹来美国联邦调查局的“青睐”呢？

事情还得从1949年新中国成立说起。1949年10月1日，这是个所有中国人都为之兴奋并且铭记的日子。这一天，首都北京天安门广场人山人海，因为毛泽东主席在这里宣布：中华人民共和国今天成立了，中国人民从此站起来了！

这个喜讯传到海外，留学异乡的学子都为之沸腾，与国同庆，其中大部分学子都准备回到祖国，为新中国的建设贡献自己的一份力量。钱学森也不例外，因为钱学森来美国之初就没想过要长期留在美国，在美国学习工作十几年，他从未将自己的积蓄存入美国的银行。他说：“我在美国的这些年所做的一切都是在为回国做准备，是为了回到祖国后，能为人民做点事情。我是一个中国人，我应该回到中国去。”

新中国成立后，就像“二战”后的美国与苏联一样，共

产党和国民党同时认识到人才的重要性，所以就像美国与苏联争夺德国科学家一样，共产党和国民党之间也展开了一场“人才争夺赛”。人才争夺赛主要是争夺那些在海外留学的人才，而钱学森是这场争夺赛的关键，是国共两党争夺的焦点。这是因为，钱学森不仅是首屈一指的火箭专家和空气动力学专家，还是全美中国工程师协会会长，在美国的华人留学生中具有广泛的号召力和影响力。如果能争取到钱学森，那就意味着同时争取到了一大批愿意跟随钱学森的留学人才。

本来，国民党在这方面是具有一定优势的。钱学森在出国时拿的是当时国民党南京政府颁发的中华民国签证，而钱学森的岳父蒋百里在生前也是国民党军队的高级将领，曾跟蒋介石交往密切。“国民政府”驻美国大使馆曾专门派人去笼络钱学森去台湾，为国民党效力。然而，钱学森并不想去台湾。

当时，已从美国回到中国的华罗庚发表了一封《告留美同学的公开信》，信中写道：朋友们，为了选择真理，我们应该回去；为了国家民族，我们应该回去；为了为人民服务，我们应该回去；我们应该回去，去建立我们的工作基础，去为我们伟大祖国的建设和发展而奋斗！钱学森读罢，深有同感。

但是，钱学森当时还有许多未完成的工作，他不能马上回国。那时，刚好钱学森的父亲经常在家信中提及他的身体虚弱，胃经常痛，钱学森便决定以探亲作为回国的理由。而且，他不能直截了当地说这次打算永久回国，因为他知道中美关系今非昔比，他担心这样会给回国带来不必要的麻烦。然而，他竭力避免麻烦，麻烦却主动找上门来了。

1950年6月6日，钱学森正在埋首工作，办公室里突然进来了两个身材魁梧、表情严肃的人，看上去就来者不善。果然，来人向他出示了证件，他们是美国联邦调查局的工作人员。此时的钱学森丈二和尚摸不着头脑，这两个联邦调查局的工作人员居高临下地告诉他，他们有足够的理由怀疑钱学森是美国共产党员，所以他们要审问钱学森。

在中国，加入共产党是一件光荣的事，而在当时的美国，这是一件会引来牢狱之灾甚至杀头之祸的事。这是因为，美国是一个资本主义国家，而它当时又正处于和共产党执政的苏联敌对的冷战时期，所以，加入共产党在美国是违法的。1950年2月，共和党参议员麦肯锡发表了一篇著名的演说，他扬言他手上有一份共产党员隐藏在美国国家部门里的人员名单，他说这些“害群之马”必须得到清除。在麦肯锡的大肆鼓噪之下，美国开始了一场热闹的共产党员“清理”运动。这场运动席卷了美国各个国家部门，军事部门尤其严格。麦肯锡因此“一说成名”，他的极端的反共排外的政治主张也被称为“麦肯锡主义”。

在“麦肯锡主义”的风潮下，包括美国原子弹之父奥本海默在内的许多科学家都遭到调查，钱学森也被列入了黑名单。钱学森曾经在美国国防部五角大楼上班，接触过美国国家最高军事机密，遭到调查也可以理解。但是，他们调查他的理由却是一个子虚乌有的身份——美国共产党员。

而美国联邦调查局为什么断定钱学森是共产党员呢？原来，钱学森多年的同事兼好朋友，原火箭俱乐部的创始人之一的马林纳被查出是美国共产党员，而钱学森与马林纳私交甚密，还曾与马林纳组织的小组一起学习过恩格斯的著作，所以联邦调查局片面认定钱学森也是共产党员。事实上，钱学森的确与一些加入美国共产党的人有过交往，但是他本人并非共产党员。在调查过程中，钱学森坚决否认自己是共产党员，他们还让钱学森揭发他的另一位朋友威因鲍姆，这个无理要求也被钱学森义正词严地拒绝了。

钱学森的拒绝引起了联邦调查局的怀疑，调查当天，加州理工学院接到秘密通知，要求校方禁止钱学森参加一切与美国军事机密相关的研究活动，他的安全认可证也被吊销了。钱学森的安全认可证是在导师冯·卡门的推荐下，通过美国宪兵总司令部人事部主管亲自审核通过颁发的，到此时，他已经用这个安全认可证从事与美国国家军事机密的研究工作长达8年。而现在，没有了安全认可证，意味着他从此不能再从事自己驾轻就熟的研究工作，也不可能再在学术上更上一层楼了。

然而，最让钱学森愤怒的是，他作为一个正直优秀的科学家，在美国学习、工作十几载，为美国的火箭科技发展做出了不可磨灭的突出贡献，现在居然要平白无故地忍受这种被调查被监视的冤屈。钱学森感到自己的自尊心和人格受到了极大的侮辱，他下定决心，立刻离开美国。于是，钱学森向加州理工学院递交了辞呈，并将办公室里的文件、书籍、草稿和笔记等东西都收拾好，将涉及美国国家机密的文件单独放置在一个隐秘的文件抽屉里，把抽屉钥匙交给了同事。

钱学森以为只要自己辞职，不再参与美国科技研究，就可以离开这个是非之地。然而，事情的发展远比他估计的要复杂。6 月 16 日，他的朋友威因鲍姆在自己的住宅中被捕，而与钱学森关系密切的马林纳因为在 1948 年就已经去法国工作，联邦调查局鞭长莫及。而由于威因鲍姆也在加州理工学院喷气推进实验室工作，并且是由钱学森推荐加入的，所以联邦调查局又一次对钱学森“登门拜访”。钱学森把自己的辞职声明交给了他们，声明中写道：“过去，我是作为一个受欢迎的客人在美国学习、工作的，如今，不仅这种欢迎不再了，还有一片怀疑的乌云扫过我的头顶。所以，我唯一能做的就是离开。”

就在钱学森递交辞呈一周之后，朝鲜爆发了战争，美国杜鲁门总统宣布武装干预朝鲜，同时武力阻止中国人民解放军解放台湾，并向台湾派遣了一支舰队。中美关系日益紧张，开始进入白热化阶段。钱学森更加深刻地认识到美国不宜久留，遂加快了回国的步伐。他把家里的行李委托给一家打包公司打包。由于中美之间没有建立外交关系，所以没有从美国直接到中国大陆的交通工具，要从美国回国只能取道香港。而这时到香港的船票十分紧张，钱学森本想订购 8 月 31 日从美国旧金山开往香港的“威尔逊总统号”轮船，但是船票早已售罄。他转而购买机票，亦是一票难求。百般周折之后，钱学森不得不买了 8 月 28 日从加拿大首都渥太华飞往香港的机票。

终于，在钱学森认为“万事俱备，只欠登机”的时候，让他意想不到的灾难接踵而至。他万万没有想到，在前面迎接他的并不是渥太华机场飞往香港的航班，而是半个月的“牢狱之灾”以及长达5年的“软禁”……

第二节　牢狱之灾

钱学森要回国的消息在美国科研界传开以后，众人纷纷扼腕叹息，其中有不少人不忍让如此优秀的科学家离开美国，对他进行诚恳的挽留。曾经把他和冯·卡门从麻省理工学院请回来的加州理工学院院长杜布里奇便是其中之一。杜布里奇是一个物理学家，生活简朴，工作积极热情。作为加州理工学院的管理者，他的工作十分出色，因此，他任加州理工学院院长一职长达22年。杜布里奇十分惜才，他深知钱学森是一个难得一见的科学家，而且，杜布里奇本人很有正义感，反对各种政治迫害和歧视。因此，他一面竭力挽留钱学森留在美国，另一方面积极为他“平反”。

杜布里奇在白宫科学咨询委员会担任主席，与白宫关系密切。他运用自己的这一影响力，力劝华盛顿相关部门为钱学森举行一次公平的听证会，以求还他一个清白，重新给他颁发安全认可证，让他得以安心在美国继续从事科学研究。尽管联邦调查局没有确凿的证据证明钱学森是共产党员，但是他们宁可信其有，不肯信其无。杜布里奇致信华盛顿相关部门："这真是一件不可思议的荒唐事，一个如此卓越的火箭专家，在这里竟然不能选择在自己的专业领域里工作，因而要被逼回到他的红色中国去，为共产党政权效力。"

也许是被杜布里奇这封信所说服，又可能是迫于舆论压力，华盛顿方面终于答应为钱学森举行一次听证会。听证会定于8月23日在华盛顿举行。钱学森已经买好了28日从渥太华飞抵香港的飞机，时间十分紧迫。但是面对院长杜布里奇的一番盛情，他却之不恭，况且，若此次听证会能将他"头顶上的乌云"扫去，那他便能名正言顺地回到祖国。

钱学森在8月21日飞往华盛顿，先去拜访了杜布里奇院长推荐的海军部副部长丹尼尔·金贝尔先生。丹尼尔·金贝尔先生曾担任喷气工程公司执行总裁，对钱学森的研究曾做过细致深入的了解，他很赞赏钱学森，称他是"美国最优秀的火箭专家之一"。杜布里奇希望通过他的斡旋，可以帮助钱学森再次拿到安全认可证。

走进丹尼尔·金贝尔的办公室时，丹尼尔显得十分客气。他建议钱学森去找一位叫波特的律师在听证会上为他做辩护。钱学森拜访了这位律师，向他陈述了基本情况后，波特认为他需要更充足的时间来作辩护准备，希望钱学森跟华盛顿方面申请推迟听证会。钱学森同意了。然而，让钱学森没想到的是，华盛顿那边居然无理取消了他的听证会。气愤之余，钱学森也对证明自己的清白不再抱有希望。在返回洛杉矶前，他再度来到丹尼尔的办公室，告诉丹尼尔他准备离开美国，返回中国。丹尼尔听后，大惊失色，极力挽留钱学森，建议他三思而后行。见钱学森回国之意已决，丹尼尔这才露出庐山真面目，他用严肃的威胁口气对钱学森说：“你不能离开美国，你太有价值了！”

钱学森与丹尼尔·金贝尔的谈话不欢而散，他当日下午就赶回了洛杉矶。经过6个小时的飞行，当他疲惫不堪地走下飞机时，美国移民局的人早已在机场等候他多时。他们将一张限制出境的限制令亮在钱学森面前，一个冰冷的命令从其中一人的口中吐出：“你被禁止离开美国！”钱学森又震惊又气愤，同时想起了丹尼尔·金贝尔，美国移民局如此“雷厉风行”，效率惊人，丹尼尔·金贝尔必定是幕后黑手。

果不其然，丹尼尔·金贝尔在劝说钱学森留美不成，就在钱学森离开后的第一时间致电美国司法部，他在电话中说：“钱学森知道了美国火箭和导弹等工程的军事核心机密，他一个人至少抵得上5个海军陆战师。我宁可把他枪毙了，也不能放这家伙回到红色中国去。”丹尼尔这番话虽然听起来很自私，但是却是一语道破一个事实：钱学森至少抵得上5个师。看来，这个仇视新中国的不可一世的海军副部长，倒是深谙中国古语“千军易得，一将难求”的道理。

钱学森买好的机票作废了，他现在真的是“插翅难飞”了。退掉机票后，他去海关取回原本已经打包装箱准备托运到香港的8大箱行李。然而，祸不单行，他被告知：钱先生，你的行李被依法扣留检查。钱学森一头雾水，问是何原因，海关人员的答案“一鸣惊人”，说是钱学森的行李在打包过程中被发现有美国国家机密，违反了美国的“出口控制法”、

“中立法”和“间谍法”。

钱学森听到这样的荒唐理由，哭笑不得。此时的他真不知道是该破口大骂美国人无事生非，还是该苦笑着夸美国人“想象力”之丰富。他在整理办公室的时候早就特意将所有涉及美国国家机密的文件另外单独放置在一个抽屉里，并将钥匙交给了同事。再说，他的行李是私人物品，未经许可任何人是不能拆开查看的，他们又是如何发现他的行李中藏有“国家机密文件”呢？事情的经过“据说”是这样的：在打包过程中，一位“工人”突然发现有些东西标有“机密”等字样，警惕的他于是马上报告了长官，长官又报告了更高一级的长官，于是最后终于报告到了联邦调查局。而那位所谓的“工人”，他真的只是一个普通工人，还是本来就是联邦调查局安排的特工？我们不得而知。

然而，欲加之罪，何患无辞？不管钱学森相不相信这个“据说”的故事，反正联邦调查局自己是“相信”了。所以，在钱学森还在华盛顿与丹尼尔·金贝尔进行“硝烟弥漫”的谈话时，联邦调查局就联合美国海关、美国移民局等几个相关部门，对钱学森的行李进行了仔细的“研究”。在“研究”过程中，他们尤其对行李中的“文字性东西”表现出极大的兴趣。然而，要研究一个像钱学森这样的优秀科学家的“文字性东西”，工程量是巨大的。钱学森行李中的“文字性东西”包括众多的藏书、手稿、文件，另外还有 9 大本厚厚的剪报。剪报是钱学森多年来的一个习惯，在报纸或杂志上看到优秀的文章，他就小心地裁剪下来，按照内容分类贴在本子上。

这些调查人员仔细“过滤”着钱学森行李中的“文字性东西”，希望能在某个旮旯里筛选出期望中的“国家机密文件”来。然而，他们有些绝望地发现，钱学森的这些文件不仅内容涉及多个方面，语言也五花八门，除了英文，还有中文、德文、俄文、法文和意大利文，堆在一起简直像是联合国开语言大会。不要说深入了解这些文件从而找出“国家机密”的蛛丝马迹了，就是大概看懂也够他们忙活一阵子的。

尽管事实上他们是不可能找到“国家机密”的，但是调查人员还是“尽职尽责”地查看着这堆文件。在看到一些不懂的地方时，他们甚至合理展开了他们的“联想”。比如，看到剪报中有关于美国原子能的报道和介绍，他们想：钱学森是研究火箭的专家，为什么会关注原子能？他会不会是一个间谍？看到钱学森画在某张草稿上的一个图形，他们猜想：这会不会是一个机密的“暗号”？在整个搜查过程中，他们不断产生这样的疑问，也不断地试图从文件中发现“证据”来证明他们的猜想是正确的。最后，他们一无所获。同时他们也不得不承认，那些让他们起疑心的与他本专业火箭无关的东西，只是一些证据，证明了钱学森是一个高层次的博学多才的科学家，只有达到了他那种学问层次，才能理解并关注众多科学领域里的研究成果。

面对美国联邦调查局的审问，钱学森坚决否认他是共产党员，而他的行李中也并没有被查出所谓的“机密文件”，然而，美国联邦调查局不仅没有放过钱学森，反而对他的迫害升级了。

1950年9月7日，钱学森的妻子蒋英正抱着两个月大的女儿，哼着摇篮曲哄孩子入睡。突然传来一阵急促的敲门声，蒋英抱着孩子去开门。门外是两个警察模样的人，他们表情严肃，拿着手铐，腰间还别着手枪。他们向蒋英出示了逮捕证，并要求见钱学森。钱学森从屋里走出来，看见他们手里的逮捕证和手铐，瞬间明白了是怎么回事。尽管感到愤怒和冤屈，但是在妻儿面前，他尽可能变得淡定些，好让他们不那么担心。

早在几天前，美国联邦调查局的探员们就已经拿到对钱学森的逮捕证，或许是出于对这位火箭专家的赫赫盛名有所顾虑，几天来他们一直不敢轻举妄动。直到9月7日，他们听到“风声”，传言钱学森可能已经从洛杉矶逃往墨西哥，他们才决定马上采取行动。到达钱学森住宅时，他们首先包围了钱学森的住宅，然后才派两个探员敲门。进入钱家时，他们看到钱学森只是若无其事地坐在家里看报纸，颇为吃惊。

秀才遇到兵，有理说不清。这一次，钱学森没有和他们浪费任何口舌，他的“合作”甚至让联邦调查局的探员们有些意外。

钱学森被关进了联邦调查局一个叫特米诺岛的监狱里。特米诺是位于洛杉矶南部的一个废弃的小岛，四面环海，与世隔绝。联邦调查局看中这里绝佳的地理位置，将岛上的房屋改造成了监狱。特米诺的牢房拥挤混乱，终年阴暗潮湿，不见天日。因为洛杉矶离美国与墨西哥的边界很近，所以经

常有贫穷的墨西哥人越过美国边境来美国谋生，特米诺岛上的监狱关押的犯人大部分就是这些来自墨西哥的非法越境犯，所以钱学森晚上经常能听到用墨西哥语交谈的声音。

为了方便监视钱学森，也考虑到他是一个受人敬仰的科学家，联邦调查局给钱学森安排了一间有单独卫浴设备的牢房，生活条件还不至于十分差。他的夫人蒋英也获准每天来探望他。然而，尽管美国联邦调查局觉得他们已经“仁至义尽”，住在“VIP”牢房里的钱学森仍然痛苦不堪，备受煎熬。钱学森被禁止与任何人交谈，晚上睡觉时，每隔15分钟便有守卫来亮灯检查他的情况，他根本无法入眠。这些生活上的具体规定还是其次，最让钱学森难受的是心理上的煎熬。几个月前，他还是著名的火箭专家、加州理工学院的教授，如今，他却沦为阶下囚。在这种心理上的巨大落差以及平白无故忍受的冤屈的双重打击下，钱学森在短短的半个月内竟瘦了30磅！

第三节 八方声援

钱学森被联邦调查局带走的消息一经传出，便在美国和中国各个相关人群中炸开了锅。

加州理工学院院长杜布里奇闻讯后，赶忙致电钱学森的导师冯·卡门。正在欧洲访问的冯·卡门听到这个消息大吃一惊，当即中止了访问，赶回美国。杜布里奇自己也通过多种办法营救钱学森。他专门写了一封信给丹尼尔·金贝尔，他在信中非常肯定地告诉丹尼尔：

因为钱学森曾与马林纳等美国共产党员有过交往，所以它们（联邦调查局）怀疑钱学森是共产党员，这种怀疑我认为是可以理解的。但是，我觉得没有任何证据可以证明钱学森先生真的是一个共产党员。他与那些共产党员的交往都是光明且公开的，毫无可疑的私密之处。我坚信，他们的友谊是真挚且单纯的，不是基于政治目的的交往。就算某些会面会涉及政治内容，钱学森也决不可能知道自己在参加共产党员集会，因为他根本就不是。

另外，杜布里奇还替钱学森证明了他回国并不是偷偷摸摸地“逃跑”，而是光明正大的举动：

关于他为返回中国大陆所采取的举动，我认为也是公开合理的。他曾设法预订船票，但是一直被告知余票售罄。然后，他预订机票也没有成功。因此，他还特意写信给美国国务院，询问应该如何获得合法离境的许可。他向美国国务院详细地解释了他离开美国的原因，并要求获得应有的协助。后来，他与加拿大航空公司协商，订购了从渥太华飞往香港的机票。他从未否认过他的这些举动，在他去华盛顿参加听证会时，他已经将他的决定告知了丹尼尔·金贝尔先生。我可以证明，他自始至终都没有违法的异常举动，他不愿意以任何不被接受的方式离开美国。

而在国内，香港报纸也纷纷刊登钱学森被捕的新闻，报道之余还发表文章，声援钱学森。香港《文汇报》发表了一篇题为《我们坚决反对美帝逮捕钱学森》的新闻评论，以此向美国的这一无理行为抗议。

大陆的名人志士也为营救钱学森积极奔走。1950 年 9 月 24 日，著名地质学家李四光以中华全国自然科学专门联合会主席的名义，发表了《抗议美帝国主义非法拘捕我国科学家钱学森》的声明。著名文学家、中国保卫世界和平大会委员会主席郭沫若先生也在 1950 年 9 月 25 日致电世界和平大会委员会主席居里博士，抗议美国对钱学森的无理逮捕行为：

敬爱的居里博士，我国航空专家钱学森博士在申请回国时被美国联邦调查局探员非法拘捕。美国此等践踏人权、蹂躏科学家的暴行，已经激起我国人民的普遍愤怒。请您和贵会号召全球科学家对美国的这一暴行进行抗议和谴责，并要求释放钱学森博士。

中国的众多科学家也没有袖手旁观，由钱三强、严济慈等 139 位科学家组成的科学家阵容发表了联名抗议书。1950 年 10 月 18 日，183 位回国不久的中国留学生联名致电联合国秘书长赖伊、联合国大会主席安迪以及安理会主席，强烈谴责美国的过分行为，并要求针对此事对美国进行制裁，以防止此类事件再次发生。同时，他们还打电话向美国国务卿艾奇逊提出抗议，并要求立即释放钱学森，恢复钱学森的行动自由。

随着钱学森被逮捕关押，社会对于“钱学森事件”的关注度越来越高。在来自国内外各界的种种舆论压力下，联邦调查局不得不开始“按照程序”审讯钱学森。

9月18日，钱学森在美国联邦调查局的要求下写了一份书面声明，保证他在未经加州理工学院院长杜布里奇和丹尼尔·金贝尔同意的情况下，不会擅自离开美国。

9月20日，钱学森被带到设在特米诺岛上的移民局，接受以移民局主任为首的8名官员的审讯，加州理工学院的法律顾问古博律师为钱学森进行辩护。审讯的内容依然围绕钱学森是不是共产党员展开，问题也与之前问过的大同小异，钱学森将已经回答过许多遍的答案再重复一遍。由于没有足够的证据，审讯不了了之。

不久，联邦调查局告知钱学森的夫人蒋英，只要交出1.5万美元保释金就可以将钱学森保释出狱。在当时，1.5万美元是一笔不小的数目，加州理工学院院长杜布里奇和钱学森的导师冯·卡门教授得到这个消息后，马上设法为钱学森筹款，很快就筹够了1.5万美元。

1950年9月23日，在监狱里经过“度日如年”的15天后，钱学森被保释出狱。这一天，他的夫人蒋英开车去监狱接他回家。监狱大门打开后，蒋英看到钱学森失魂落魄地从里面走出来，面容消瘦，见到她也默默不语。蒋英事后回忆起来，依然心酸不已：“他一言不发，问他什么，他也只是点点头或者摇摇头。他失声了，不会说话了！”

被保释的钱学森终于离开特米诺监狱这座“人间地狱”了，但是美国却并不善罢甘休——他们把钱学森“软禁”了。美国移民局规定，钱学森依然要做好随时接受移民局官员传讯的准备，并且每个月必须去洛杉矶当地移民局登记。另外，他的活动范围只限于洛杉矶，如果他需要离开洛杉矶，则需要向移民局提出申请，获准后才能离开。更有甚者，他的私生活也遭到彻底的“打扰”。他的电话被监听，他的书信被拆检。他家经常有半夜打来的莫名电话，一接起对方就挂掉。显然，那只是为了测试钱学森是否在家。他还发现，在他的住宅周围以及工作地点附近经常有可疑人物出现。不用说，那些“可疑人物”肯定是联邦调查局的特工，他们在奉命暗中监视钱学森。

被监视的生活让钱学森郁闷无比，他忍不住在家信中与父亲诉苦。父亲钱均夫回信道：“人生难免波折，岁月蹉跎，全靠意志坚强。吾相信吾儿对科学事业的忠诚，对故国的忠诚；相信吾儿那中国人的灵魂永远是觉醒着的……”父亲的勉励对钱学森来说是一种莫大的安慰，钱学森告诫自己：为了自己那“中国人的灵魂”，为了“故国”，一定要坚持下去！

钱学森的妻子蒋英为了更好地安慰与支持钱学森，本是歌唱家的她选择辞职，在家相夫教子，当起了全职主妇。她连打扫卫生的保姆都不请，因为怕保姆被联邦调查局收买，以监视他们的一举一动。

为了摆脱联邦调查局的监视，钱学森不断更换住址，频繁搬家。钱学森的那8大箱行李在经过两个多月的反复“研究”之后，由于没有发现“国家机密文件”而被退还给了钱学森。然而，钱学森却再也没有打开它们。他将那些行李原封不动地放在家中，为的是一旦有机会离开美国时，他可以马上将它们进行托运。同时，他的夫人蒋英还准备好了3个手提箱，里面放置随身用品，一旦得到回国机会，立刻提起就走。

在被软禁的过程中，钱学森依然经常受到审讯。审讯的主题一直是试图证明钱学森是“曾经加入美国共产党的外国人”，然而钱学森依然坚决否认，双方僵持不下。正面提问得不出他们想要的答案时，老奸巨猾的审讯检察官开始旁敲侧击，更换提问角度。

有一次，检察官问钱学森：“你忠于什么国家的政府?”

钱学森答：“我是中国人，我忠于中国人民。”

检察官又问：“你说的中国人民是什么意思?”

钱学森道：“就是指四亿五千万中国人。”

检察官“穷追不舍”：“那现在这四亿五千万中国人分为了两部分，一部分在台湾，一部分在大陆，你忠于哪一部分?”

钱学森回答：“这是我自己的问题，我会根据我的原则进行判断。”

检察官接着问：“你在美国这么多年，你敢发誓说，你是忠于美国政府的吗？”

钱学森回答：“我不需要发誓，我的行动已经证明了一切。在第二次世界大战期间，我用我的知识帮助美国研究了武器。”

检察官依然“不依不饶”，问道：“你现在要求回中国大陆，你会用你的知识去帮助中国大陆的共产党政权吗？”

钱学森义正词严地回答：“我的知识是我的个人财产，我有权想给谁就给谁。”

经过几次这样的审讯后，1951 年 4 月 26 日，钱学森接到通知，他的案件在经过确切的审查后，他被认定为“曾经加入美国共产党的外国人”。按照美国当时法律规定，凡是曾加入美国共产党，企图颠覆美国政府的外国人都要被驱逐出境。也就是说，钱学森不仅要背上子虚乌有的“加入美国共产党”的罪名，还要被“驱逐出境”！

钱学森本来就不想留在美国，根本就用不着美国政府“驱逐”。然而，美国移民局在做出这个决定之后，却没有马上执行。就像当初限制钱学森离开美国一样，这次提出暂缓执行“驱逐出境”建议的，依然是海军部副部长丹尼尔·金贝尔。他的理由与限制钱学森出境一样：钱学森知道美国火箭和导弹工程的所有核心机密，他一个人抵得上 5 个师。所以，他宁可开枪打死钱学森，也不会让他回到红色中国去。

就这样，钱学森的“驱逐出境”命令的执行期限被无限期延长着。钱学森在这期间既不能继续他的研究工作，又不能回国。然而，在知识日新月异的科学领域，钱学森的专业知识如果得不到运用和更新，只会越来越老化，最终跟不上时代的脚步。等到他终于可以重新工作时，他的知识结构可能会因为过于老化而派不上用场了。美国就是想用这样卑鄙的手段，从人格到知识，彻底摧毁钱学森。

然而，钱学森骨子里的“中国人的灵魂”是不会那么轻易被摧毁的。中国人相信一句谚语：是金子，到哪里都会发光。

不能继续研究火箭和空气动力学，钱学森便改变了自己的研究方向，将目光投到了一个全新的领域——工程控制论。最初，他只是为了转移美国特工们的注意力而开始研究与美国国家机密完全无关的新科学。所谓“控制论”，最初是由法国物理学家和数学家安培提出来的，定义是“管理国家的科学”。钱学森将其运用到工程系统的控制之中，从而创立了一门新的学科——工程控制论。随着研究的日渐深入，钱学森发现这是一个十分有潜力的科学领域。于是，他将自己的困难处境抛在一边，全身心地投入到工程控制论的研究中去。他的思维就像脱缰的野马一样，在工程控制论这一崭新的科学领域中任意驰骋，收获颇丰。

经过 3 年多的刻苦研究，钱学森终于在工程控制论中有所建树。他用英文写成了一本 30 多万字的著作《工程控制论》。这是一本具有开拓性意义的学术创作，一经出版就引起了各国科学家的关注。钱学森用自己崭新的研究成果向美国也向全世界证明，他不仅是一个顶尖的火箭和空气动力学专家，换一个科学领域，他也同样可以做到世界一流。

第四节 转折之信

就在钱学森已经被软禁了将近5年，却依然不知何时才是归期时，一个重大的转机悄然来临。

1955年5月的一天，钱学森无意中在一个菜篮子的底部看到一张中文画报，画报上一篇关于毛泽东主席在北京天安门广场主持五一国际劳动节典礼的报道吸引了他的目光。报道上列了长长的一批观礼者的名单，当看到“陈叔通”这个熟悉的名字时，钱学森眼前一亮，颇为惊喜。

钱学森接着往下看，得知中美两国正在谈判双方侨民回归的问题，美国竟然无耻地宣称他们已经将“中国学生愿意回国者悉数放回”。钱学森为美国的厚颜无耻气愤不已，同时也意识到，这是一个揭露美国谎言，争取祖国援救的绝佳机会。机不可失，钱学森立即决定给陈叔通先生写一封信，向他陈述自己以及其他中国留美学生被困美国、有国难回的处境，请求中国政府给予援助。

而他为什么决定要给陈叔通先生写信呢？

原来，陈叔通先生是钱学森的父亲钱均夫多年的好友，两人在杭州求是书院上学时就相识，多年来，他与钱均夫交情甚笃。1947年钱学森回国结婚时，还特意曾与父亲钱均夫一起前去看望陈叔通。而在新中国成立后，陈叔通先生担任了全国人大常委会副委员长。

写信容易，如何躲过特工的干扰安全寄出这封至关重要的信，并让信安全到达陈叔通手中，钱学森在每一个细节都精心考虑。

他首先打好信的草稿，然后用繁体汉字将信工工整整地抄写了一遍。信的全文如下：

叔通太老师先生：

自1947年9月拜别后未通信，然直报章期刊上见到老先生为人民服务及努力的精神，使我们感动佩服！学森数年前认识错误，以致被美政府拘留，今已五年，无一日、一时、一刻不思归国参加伟大的建设高潮。然而世界情势上有更重要更迫急的问题等待解决，学森等个人们的处境是不能用来诉苦的。学森这几年唯以在可能范围内努力思考学问，以备他日归国之用。

但是现在报纸上说中美交换被拘留人之可能，而美方又说谎谓中国留学生愿意回国者皆已放回，我们不免焦急。我政府千万不可信他们的话，除去学森之外，尚有多少同胞，欲归国而不得者。从学森所知者，即有郭永怀一家，其他尚不知道确切姓名。这些人不回来，美国人是不能释放的。当然我政府是明白的，美政府的说谎是骗不了的。然而我们在长期等待释放，心急如火，唯恐错过机会，请老先生原谅，请政府原谅！附上《纽约时报》旧闻一节，为学森五年来在美之处境。

在无限期望中祝您

康健！

钱学森谨上

1955年6月15日

钱学森附上的一小块《纽约时报》上有一篇题为《驱逐对美国不利》的特别报道，报道日期是1953年3月6日，内容如下：

钱学森——加州理工学院著名的火箭专家，3月5日在洛杉矶被下令“驱逐出境”。但是他又不被允许离开美国，因为他的离开“对美国最高利益不利”。这个自相矛盾的消息是美国移民局副局长阿尔伯特今天透露的，此时钱学森依然在加州理工学院工作。

钱学森是1950年9月被逮捕的，逮捕的原因是他试图将1800吨的技术资料运往“红色中国”。他被驱逐回他的祖国，但因为“红色中国”不被美国政府所承认，所以这项驱逐令并没有生效。检查这些打印材料的联邦调查局人员没有发现任何机密资料。

……

钱学森写好信之后，接下来才是决定成败的重中之重——如何躲过美国特工的监视和搜查，保证这封信安全到达陈叔通的手中呢？当时钱学森并没有陈叔通的通信地址，所以只能寄到上海的父亲手里。但是，直接寄到上海是不太可取的，因为钱学森寄往中国的信基本上都要被联邦调查局的特工拆开检查，如果这封信落到他们手里的话，后果将不堪设想。而当时，蒋英的妹妹蒋华正侨居比利时。从美国寄往比利时的信，远没有寄往中国的信那样引人注目。思量再三，钱学森决定将此信寄给蒋华，再由蒋华从比利时转寄到中国。

将这封重要的信小心夹藏在蒋英写给妹妹的信中以后，钱学森又请蒋英模仿儿童的笔迹，用左手在信封上写下妹妹的地址，这样即使万一这封信被联邦调查局的特工们看到，他们也认不出是蒋英的笔迹。

寄信也是需要考虑周全的环节。美国联邦调查局的眼线遍布钱学森的周围，他的一切外出活动都受到他们“无微不至”的关注。所以，公开的邮局是不能去的。钱学森选择了一个大商场，这个商场里有咖啡馆，还设有邮筒。钱学森和夫人携手来到商场，钱学森在商场门口停住了，夫人蒋英走了进去。在美国，男人不进商场是很正常的，负责盯梢的特工们还不知道已经中了钱学森的“调虎离山之计”，也停在商场门口附近观察钱学森。蒋英手里拿着那封信，谨慎地观察到周围无人注意她之后，神不知鬼不觉地将信投进了邮筒。

就这样，这封信躲过了无处不在的美国特工们的眼睛，最后安全到达比利时。蒋华收到信后，马上又转寄给了上海的钱学森父亲钱均夫。钱均夫又寄给老友陈叔通先生。这一系列的转寄都安全无误，这封信终于安全地到达了陈叔通手里。然而，陈叔通还不是这封信的最终目的，他在看过信之后，意识到这封信对于中美谈判双方侨民回归问题至关重要，当即转交给负责这一谈判工作的周恩来总理。周恩来则将它交给了正在日内瓦谈判的中国代表团秘书长王炳南，并吩咐他："这封信是一个铁证，证明美国政府至今还在阻挠中国留学者回国。你在谈判中要好好利用它，当面拆穿美国的谎言。"

当时，中美谈判正在日内瓦紧张地进行着，这是一场社会主义中国和资本主义美国之间的较量，而这场较量早在几年前就拉开了帷幕。

1950 年 6 月 25 日，朝鲜爆发战争。美国打着联合国的招牌和人道主义的旗号进军朝鲜，中国则派出中国人民志愿军对朝鲜进行援助。虽然战场是在朝鲜，且中美两国是在"志愿军"和"联合国军"的名义下交火，但实际上中美两国是交战国，双方关系剑拔弩张。1953 年 7 月，随着《朝鲜停战协定》的签订，朝鲜战争宣告落幕。虽然交战已经停止，但中美关系依然僵硬。1954 年 4 月，中国、苏联、美国、法国、英国 5 国外交部长在日内瓦召开会议，讨论和平解决朝鲜问题，以外交部长周恩来为团长的中国代表团出席了此次会议，这是中国首次以 5 大国的身份亮相国际会议。

在会上，中国代表与美国代表见面时，没有握手和寒暄，甚至连礼貌性的点头都没有，现场气氛尴尬而紧张。中国与美国没有外交关系，但是与英国有。于是，当时的英国代表亨弗莱·杜威廉先生从中斡旋，消融寒冰。美国通过杜威廉先生向中国代表提出，希望解决在华被拘留的美国公民归国问题。这些被华拘留的人员中，有 13 个是在华被捕的美国间谍，还有一批是因侵犯中国领空而被拘禁的美国飞行员及军事人员。而中国也有一批处境与钱学森类似的科学家和留学生被扣留在美国，有国不能归，中美双方都希望让各国的拘留人员顺利回国。

然而，双方僵持不下的关系丝毫不利于问题的解决。周恩来总理决定，应该开辟直接与美国代表沟通的渠道。于是，1954 年 6 月 5 日，中国代表团秘书长王炳南与美国代表团秘书长尤·约翰逊在联合国大厦进行了首次直接会面。这次会面只持续了短短的 15 分钟，但却是可以载入外交史册的、历史性的 15 分钟。因为这是两个互不承认的、没有外交关系的世界大国之间的直接接触，是世界外交史上的创举。

万事开头难。有了这第一次直接接触后，在之后的一年多时间里，中美双方又在日内瓦举行了多次会谈。1955 年 7 月 25 日，中国外交部成立了专门的中美会谈小组，由周恩来总理任组长。1955 年 8 月 1 日，中美两国在日内瓦联合国大厦隆重举行中美大使级会谈。中美两国派出的代表是老对手王炳南和尤·约翰逊。王炳南在会谈开始之前便发表了以下一段话：

> 大使先生，在会谈开始之前，我奉命通知你以下消息：中国政府已经按照法律程序，提前释放 11 名在朝鲜

战争期间俘获的美国飞行员。他们目前已经离开北京，前往香港。我希望，中国政府采取的这项举动，能对我们的会谈有所帮助。

次日，会谈继续进行。这次，美国代表先发言。约翰逊递给中国代表一份名单，说："美国人民对仍被中国拘留的美国公民十分关注。这里有36位被捕的美国平民名单，中国政府对这些平民采取的举动将会影响美国政府和人民对待中国的态度。"

王炳南也不甘示弱，指出中国的留学生被禁美国，不能自由回国，这个问题也为中国政府和人民所关注。岂料，约翰逊当场否认，言之凿凿地宣称美国政府已经在1955年4月就取消了所有针对中国留学生的行动限制法令，他们已获得行动自由。

这时，王炳南拿出钱学森的信，质问尤·约翰逊："既然美国已经取消禁令，那为什么还有钱学森这样的中国科学家写信向中国政府请求帮助？为什么钱学森在信中说他行动受限，只能在洛杉矶一市活动？钱学森5年前就想回国，而今却依然被困在洛杉矶，这难道不是美国政府在从中阻挠吗？"

钱学森的亲笔信摆在眼前，证据确凿，尤·约翰逊无言以对，只说会马上向美国政府转达这一情况。8月8日，中美大使举行第四次会谈时，约翰逊告诉王炳南，美国移民局决定同意钱学森离开美国并签署了相关文件。

中美大使级会谈前后共进行了136次，断断续续持续了

15 年，是世界外交史上罕见的“会谈马拉松”。由于美国坚持要干涉中国内政，插手台湾问题，所以最后两国并没有在关键问题上取得实质性进展。但是，诚如周总理所说：“中美大使级会谈虽然没有获得实质性的成果，但两国毕竟解决了彼此的侨民问题。我们也成功地‘解救’了钱学森博士，单就这件事来说，中美大使级会谈都是值得的。”

第五节 归国之路

经过了 5 年的翘首以盼，5 年的不懈努力，钱学森终于等来了好消息。1955 年 8 月 5 日，在中美大使级会谈第三次会谈的第二天，钱学森接到美国移民局的通知，禁止他离开美国的法令已经被取消，他可以自由回国了。

回国前，他向他的导师、他最亲密的合作者冯·卡门辞行。冯·卡门语重心长地对他说：“现在，你在学术上已经超过我了，科学是不分国界的，回你的祖国作贡献去吧。”而面对媒体的采访时，冯·卡门却不无遗憾地感慨：“美国把火箭技术领域最伟大的天才、最出色的火箭专家钱学森，拱手让给了红色中国。”

接到通知后不久，钱学森便迫不及待地去订购机票，生怕晚一步美国政府会食言。近期机票已经售罄，急于离开美国的钱学森只好转而订购船票。最近的一趟轮船是 1955 年 9 月 17 日从洛杉矶开往香港的“克利夫兰总统号”，然而这个航次的头等舱船票已经售完，只剩下三等舱，但归心似箭的钱学森顾不上三等舱的艰苦，当即就买下了一家四口的船票。

钱学森在离开美国的前一天，还必须去美国移民局办理每月一次的登记手续。但是，这是他最后一次去登记了，他受美国移民局监控的日子终于宣告结束了。

钱学森登船离开的那一天，许多朋友都来到码头为他送行，洛杉矶当地许多媒体也争相在码头拍照采访钱学森。曾为营救钱学森而积极奔走的加州理工学院院长杜布里奇虽然没有去码头为钱学森送行，但是他却对身边人说了这样一句话："钱学森回中国，绝对不是去种苹果树的。"他与冯·卡门一样，对钱学森的才华十分肯定，同时也为美国"失去"了一位如此优秀的科学家感到可惜。

但是，他们不知道的是，钱学森在出国之初便没想过要在美国"久留"，他在美国的前 15 年是在为回国作科学研究上的积累和准备，后 5 年则是"身在曹营心在汉"，身体被禁止离开美国，梦里却心系祖国。所以，他们根本就无需为美国"失去"钱学森而感到遗憾，因为美国从来没有"拥有"过钱学森，何谈"失去"？

钱学森终于登上了"克利夫兰总统号"轮船，踏上了梦寐以求的归国之路。在三等舱狭小的空间里，朋友们送来的花篮都无处摆放，钱学森只好将其摆在过道上。"克利夫兰总统号"轮船此次从旧金山出发，经过洛杉矶，之后依次到达檀香山、日本横滨、菲律宾马尼拉，最后到达香港九龙，整个航程为 21 天。虽然行程漫长，三等舱条件又艰苦，但是钱学森一想到旅途的尽头便是魂牵梦萦的祖国，便觉得不那么难以忍受了。

钱学森一家在回国的“克利夫兰总统号”邮轮上

然而，令他没有想到的是，他上船时的轰动引起了船上另一位乘客的注意。这是一位坐头等舱的美国老太太，船过夏威夷之后，她派人邀请钱学森夫妇前去她的房间里喝咖啡。钱学森夫妇感到莫名其妙，但还是恭敬不如从命地来到了头等舱。寒暄之后，钱学森了解到这位美国老太太是美国著名的女权主义运动的领袖，在美国声名显赫。得知钱学森一家住在三等舱之后，老太太有些激动和气愤，派人把船长找来了。船长当然知道这是位大人物，一刻也不敢怠慢，赶忙来到老太太的房间。

老太太指着钱学森夫妇问道："你认识这位绅士和他的夫人吗？"

船长看了钱学森一眼，说不认识。

"这是钱学森先生，他是一位在世界有名的火箭专家，旁边是他的夫人蒋英女士，一位卓越的歌唱家。这样一对夫妇，你怎么能让他们住在三等舱呢？"老太太面带愠色地质问道。

船长连连道歉，说事先并不知道，又答应马上去查一下，看看是否有空余的头等舱舱位。不一会儿工夫，船长回来了，说刚好有空余的头等舱舱位，请钱学森一家立即搬进去。

实际上，船长当然认识"新闻焦点"钱学森，而对于船上的头等舱是否有余票，他也心知肚明。但是，当时美国同意让钱学森回国是中美大使级会谈中迫不得已的"权宜之计"，实际上美国并不想放钱学森离开。所以，他们故意告诉钱学森只有三等舱船票，以为可以借此再拖延钱学森一段时间。然而，显然他们低估了钱学森回国的决心，去意已决的钱学森即使是坐三等舱也坚决要离开美国。在那位素昧平生的美国老太太的帮助下，钱学森一家意外地坐进了头等舱。

1955年10月8日，这是钱学森一生中最重要的日子。这一天，距离他1935年离开中国赴美留学，时间的钟摆已经整整摆过了20年。这一天，他又一次踏上了祖国的热土。"克利夫兰总统号"到达香港九龙，在维多利亚港靠岸的那一刻，他在心底尽情呼喊："祖国，我回来了！"这一次，他知道，他不会再离开了。

第六章
一将难求

第一节　祖国关怀

1955年10月8日上午，“克利夫兰总统号”邮轮到达香港九龙。此时，香港还处于英国人的殖民统治中，是英国人的地盘。在香港与深圳之间，仅隔着一条不到50米的深圳河，横跨在深圳河上的罗湖桥，是香港与内地的唯一通道。当时的罗湖桥由木板铺成，桥的两端各有中英双方的士兵把守，严格检查过往人员的身份和证件。在香港那一头，飘着的是英国的米字旗，而深圳这边则是飘扬着中国的五星红旗。钱学森一家与其他二十几位同坐“克利夫兰总统号”的留美人士在九龙上岸后，被送到罗湖桥口，英国军官“目送”着他们走过长桥，到达罗湖桥的另一侧。

在罗湖桥的深圳这一边，中国科学院秘书处负责人朱兆祥先生早已在桥口等候多时。他是在周恩来总理的指示下，受国务院副总理陈毅的直接派遣，专程从北京赶到深圳来迎接钱学森一家的。朱兆祥没有见过钱学森，不知道钱学森的长相，便在到达深圳之前特意去上海拜访了钱学森的父亲钱均夫，拿到一张钱学森的照片。

与钱学森等归国留学者的见面场景是激动人心的。朱兆祥先生在几十年后说起这一幕，依然记忆犹新：

> 接近中午时分，罗湖桥门打开了。这支光荣的爱国者队伍踏上罗湖桥，面向祖国，郑重地走过来了。当时，我手里拿着照片，眼睛正在紧张地搜索着钱学森一家。突然，我的手被人握住了，我转头一看，是队伍中的一位先行者，他不知道我是谁，也不知道我是做什么工作的，但是他知道我是中国人，他把我看作我们伟大祖国的代表了。他紧紧地握着我的手，眼里饱含泪花，激动得说不出一句话来。我深受感动。就这样，一个接一个的，每个人都流着激动和兴奋的眼泪跨进了国门。我终于接到了钱学森一家。钱学森的两个天真活泼的孩子，永刚和永真见到我也十分兴奋，一直拉着我的手不停地喊我：“Uncle Zhu！Uncle Zhu！”显然，他们和钱学森夫妇一样，沉浸在回到祖国的喜悦中。
>
> 同时从洛杉矶出发，和钱学森一家同行的还有李正武、孙湘教授一家。在深圳车站休息室坐定休息后，钱

学森仿佛要确认一下回国这个幸福的事实似的，站起来再一次与我们握手，然后走到李正武教授面前，对他说："正武兄，这下我们是真的到中国了。恭喜！恭喜！"正武兄一面说着"同喜同喜"，一面与钱学森激动地握手。

在深圳稍事歇息之后，傍晚时分，钱学森在朱兆祥等人的陪同下前往广州。钱学森到达广州的当晚，中国科学院院士陈焕镛、广东省公安厅副主任郑天保、中山大学校长许崇清等人纷纷到广州火车站迎接钱学森，对他表示热烈欢迎。钱学森到达广州的翌日，朱兆祥带领钱学森一家游览广州，中国科学技术协会为钱学森举行了隆重的欢迎晚宴。10 月 12 日，钱学森到达上海。

到上海，孝顺的钱学森当然首先是去看望父亲。钱学森上一次见到父亲还是 8 年前的 1947 年，那时钱学森刚结婚。如今，钱学森已有两个孩子，儿子钱永刚已经 7 岁，女儿钱永真 4 岁。74 的钱均夫看到钱学森领着妻儿归来，欢喜异常。一家团圆，喜上眉梢，唯一的遗憾是，钱学森的母亲章兰娟不幸早逝，未能亲眼见到孙子和孙女。

好事成双。钱学森到达上海的第二天——10 月 13 日，刚好是钱永刚的生日。钱学森一家人在上海老宅里吃长寿面，庆贺钱永刚又长大 1 岁，也借此祝愿钱均夫健康长寿。

10 月 15 日，钱学森一家前往杭州。钱学森先来杭州的主要目的是给母亲扫墓。带着母亲无缘见面的两个孩子站在母亲的墓碑前，钱学森夫妇不禁唏嘘。当年，是章兰娟说要蒋

钱学森一家在上海与父亲合影

英当钱家的儿媳妇，如今，她的心愿已成，且孙子孙女成双，却无缘亲见，已经先去了，若是母亲泉下有知，也会为此感到欣慰吧。

钱学森在杭州呆了5天，会晤杭州亲友，重游西湖。他还参观了浙江大学。在浙江大学参观时，他被慕名而来的学生热情地包围了起来，他们向他提各种问题，他都微笑着回答。看到这一张张朝气蓬勃、充满活力的脸，看到他们美好的学习环境，钱学森想起了他的大学时代，并由衷感到幸福。祖国的下一代能在这样和平美好的环境下成长，这让他深感欣慰。

10月20日，钱学森回到上海。在上海，钱学森不忘回到自己的母校上海交通大学去看望师友。与浙江大学一样，钱学森在交大也受到了师生们的热烈欢迎。10月28日，钱学森一家在朱兆祥陪同下到达北京。中国科学院副院长吴有训和著名数学家华罗庚，科学家周培源、钱伟长、赵忠尧等 20 多人前往北京火车站迎接钱学森一家，由此可见国家对钱学森的归来极为重视。

钱学森一家被安排住入北京饭店。北京饭店位于天安门广场西侧，离王府井的安东市场仅几步之遥。钱学森喜欢带着全家散步，去逛安东市场，回到北京饭店时，他总能接到电话："钱先生，请坐车出行，务必注意安全。"

由于钱学森回国时的特殊身份，国家领导人特意派专人保护钱学森一家的安全。早在他刚回国时，他住的旅馆离父亲钱均夫家十分近，钱学森习惯步行去看望钱均夫。每次回到旅馆，他都会接到提醒的电话："钱先生，请坐车，注意安全。"

后来在杭州、北京都是如此，钱学森走到哪里都有人善意提醒他注意安全。同样是关注，这样的提醒却与在美国时无处不在的监视截然不同。钱学森在感谢这些工作人员细心照顾之余，再一次感受到一种强烈的幸福感和归属感，这种感觉在他回国以后一直充盈在他的心间，让他时刻体会到作为一个留学归来的中国人的自豪，以及为建设美好祖国而贡献全部力量的决心。

钱学森在北京的行程被安排得满满当当，参观、访问、演讲、宴会——这几个词勾勒出钱学森每天的活动主题。11 月 5 日，钱学森怀着兴奋与激动的心情参加了中国科学院庆祝十月革命 38 周年的纪念会。在接下来的日子里，他又相继参观了北京大学、清华大学等高校，以及国营北京第一棉纺织厂。通过近半个月的参观和访问，钱学森深切感受到祖国发生的巨大变化，看到了科研工作受到国家的大力支持和科技建设的卓越进步，尤其令钱学森印象深刻的是，他每到一个新的单位参观，相关的负责人总会跟他探讨技术人才的重要性，这让他深感将来在工作中培养新生技术力量的责任重大。

值得一提的是，钱学森回国以后便脱下了在美国穿了 20 年的西装，换上了朴素的中山装。在参观过程中，他与人亲切交谈、讨论，说的也是一口标准地道的北京普通话，从来不像某些回国学者一样，说话时总是时不时蹦出几个英文单词。那时，中国大陆正开始“以简代繁”，推行简体字。44 岁的钱学森积极响应国家号召，像初识字的小学生那样认真学写简体字。没过多久，写惯了繁体字的他就可以写一手流利的简体字，往往一篇报告写下来，中间几乎没有夹杂繁体字。

为了让钱学森这个留美的洋博士尽快熟悉中国国情，了解各行各业的发展状况，中国科学院决定，等钱学森在北京各处参观完毕后，再安排他去北京以外的省市参观。而那时，鉴于中国的重工业都集中在东北三省，所以中科院副院长吴有训建议钱学森先去东北参观，钱学森欣然接受了这一建议。1955 年 11 月 22 日，钱学森在朱兆祥陪同下前往东北，在哈尔滨等地参观、访问了近一个月的时间。

哈尔滨是东北地区最美丽的城市，各种颜色的欧式建筑随处可见，被誉为“东北的莫斯科”。钱学森第一次来到这座城市，惊叹不已。作为贵宾，钱学森被安排住进了位于哈尔滨首屈一指的宾馆——大和旅馆。大和旅馆位于哈尔滨火车站广场上，是一座有着50多年历史的豪华建筑，曾是俄国驻哈尔滨的总领事馆所在地，后来被改建为豪华旅馆。住在大和旅馆，钱学森只对一件事颇为不满：那里同时住着许多苏联专家。这些苏联专家虽说是中国从苏联特聘过来的教授，但是他们在大和旅馆进进出出，总是一副趾高气扬的样子，俨然把自己当成高高在上的“救世主”了。

钱学森在回国之初便听说他的两个朋友——罗时钧和庄逢甘，在哈尔滨一所军队的大学里工作。罗时钧是钱学森的学生，而庄逢甘和钱学森一样是空气动力学专家，也曾留学加州理工学院。当年他在加州理工学院学习时，钱学森已经是加州理工学院古根海姆喷气推进实验室的主任，钱学森曾给予他多方面的帮助和指导。庄逢甘于1950年回国，先任教于上海交通大学，后来被调到哈尔滨一所军队的大学里任教。

此番到了哈尔滨，钱学森自然想会晤老友。于是，他便向陪同参观的朱兆祥提出了这个“小小的要求”。朱兆祥作为中国科学院的代表，在钱学森回国以后一直陪伴钱学森到各处参观、访问，对于钱学森提出的合理要求一向是有求必应。然而，这一次他却面露难色，没有马上答应钱学森。

原来，这个要求看似平常，实际却事关中国的国家军事机密。钱学森的朋友所工作的“哈尔滨一所军队的大学”，实际上指的就是中国人民解放军军事工程学院。由于地址选在哈尔滨，所以被简称为“哈军工”。哈军工是一所高度保密的学校，是由当时的人民解放军副总参谋长陈赓大将亲自创办和直接领导的。由于对外严格保密，所以按照国家有关规定，地方上只有省委委员以上级别的人才有权进入哈军工参观。而当时的钱学森虽然是留学归来的科学家，但毕竟还没有一官半职，所以对于不知情的钱学森提出的这个要求，朱兆祥也面露难色。

事关重大，朱兆祥马上向上级请示。上级也不敢轻易决定，最后，电话打到了陈赓大将那里。陈赓大将是哈军工的直接最高领导，是哈军工的首任院长兼政委。陈赓大将在电话中十分爽快地同意了钱学森的要求，还特意嘱咐哈军工相关领导务必好好招待钱学森。

11月25日上午8时左右，钱学森在朱兆祥等人的陪同下乘专车来到了哈军工。轿车在中国人民解放军军事工程学院门口停下，钱学森刚下车，就看到一群身穿军装的军人向他走过来，为首的是一个中等身材、气质不凡的军人，他走到钱学森面前，一边和他握手，一边自我介绍："欢迎你，钱学森先生，我是陈赓。"

陈赓？他就是大名鼎鼎的传奇将领陈赓！身为人民解放军副总参谋长的他每天公务繁忙，日理万机，昨天还在北京的参谋长办公室里埋首办公，怎么今天一大早就到了哈尔滨？陈赓大将见钱学森一脸吃惊，便笑着解释说，为了迎接他的到来，他今天特意起了个大早，乘专机从北京赶到了哈尔滨。看到陈赓大将如此看重自己，钱学森有些"受宠若惊"，同时也感动不已。

第二节 密谈导弹

陈赓在与钱学森见面后，开门见山地说："我们解放军军事工程学院欢迎钱学森先生来参观。对于你钱先生，我们实话实说，没什么好保密的。那些保密工作都是做给外人看的，钱先生在美国是军事方面的专家，我们能请到钱先生来参观实在是我们的荣幸。只是我们的条件简陋，还请钱先生不要笑话。"

陈赓大将的一席话，让钱学森感到一种被信任的踏实感。在参观时，除了罗时钧和庄逢甘，钱学森还意外见到了许多其他的老友。钱学森对于他们竟然都集中在哈军工感到十分诧异，后来才得知，他们本来都被分配到全国各个不同单位工作，后来都被求贤若渴的陈赓大将"挖"到哈军工来了。看到有这么多同学老友云集在哈军工，钱学森不禁暗暗钦佩陈赓大将这种高度重视人才、求贤若渴的态度。

下午，钱学森被带领参观了哈军工的风洞实验室。这是中国第一个风洞实验室，钱学森在看了之后非常赞赏，对实验室成员说："你们的这个空气动力学研究已经走在全国的前列，了不起啊。"在火箭实验室里，获得美国密歇根大学工程力学博士学位的任新民向钱学森介绍了实验室的概况，告诉钱学森中国也开始了火箭研究，但是还处于起步阶段，由于条件等各方面限制，他们用的许多研究方法都还比较落后。钱学森鼓励他说："你们已经迈出了第一步，这很不容易啊。

尽管条件有限，但是毕竟已经开始干起来了嘛，很不错!”

这时，听到这话的陈赓马上趁热打铁，试探性地问钱学森：“那钱先生您看，咱们中国能搞导弹吗?”

钱学森听罢，不假思索地回答：“有什么不能的？外国人能造出来的，我们中国人同样能造出来！难道中国人比外国人矮一截不成?”

陈赓听到这回答，原本稍显担心的脸立刻笑逐颜开，哈哈大笑道：“好！钱先生，我要听的就是您这句话!”

的确，陈赓大将不远万里，起大早从北京赶到哈尔滨，为的就是要听到钱学森的这句斩钉截铁的回答!

在1955年，导弹还是一项“小荷才露尖尖角”的先进军事科技，全世界也只有美国和苏联两个超级大国在研制。然而，曾经主持过情报工作的陈赓以其敏锐的洞察力捕捉到了这一最新科技的动态，并预测到了其远大的发展前景。因此，他十分关注钱学森和他所研究的领域，对于钱学森的科学才华以及他在美国学术界的名声地位，陈赓都了然于胸。所以，得知钱学森成功回国，陈赓十分高兴，立即向国防部长彭德怀建议：邀请钱学森参观哈军工，听听这位著名的火箭专家对中国发展导弹有何建议。彭德怀又将这个提议报告给了毛泽东主席和周恩来总理。最后，他们一致通过了这个提议。就这样，得到肯定的答复后，做事向来雷厉风行的陈赓就在清晨风风火火地从北京飞到了哈尔滨。

带领钱学森在军事工程学院参观了一天之后，11月25日晚，陈赓大将在大和旅馆最好的一个包厢里举办了一个小型晚会，宴请钱学森。除了钱学森的朋友罗时钧和庄逢甘之外，参加宴会的还有许多哈军工与航空、火箭相关的教授。鉴于谈话内容的机密性，连黑龙江省委一级的官员都没在被邀请之列。

他们边吃边谈，谈话的主题便是如何发展中国的导弹。钱学森告诉陈赓，据他初步估计，中国如果研制短程火箭，弹体和燃料在两年内应该可以解决。但是导弹的关键在于自动控制技术，这是一个耗时较长的难关。陈赓听罢，说：“钱先生，你的话让我心里有底了，我们中国一定要研制自己的火箭和导弹。在这里，我先表个态，我们哈军工将全力支持这两项工作，要人出人，要力出力。只要钱先生您开口，我们义不容辞！”陈赓豪爽的大将风度以及想发展祖国科技事业的迫切心情再一次感染了钱学森，他向陈赓大将承诺，一定要为发展中国的导弹事业竭尽全力。

中国的导弹事业，就在大和旅馆这一个促膝详谈的夜晚开始被提上了日程，而钱学森也在这个夜晚，由美国的火箭专家“摇身一变”成了中国的导弹专家。

在东北参观了一个月之后，钱学森一行人回到北京。陪同钱学森的朱兆祥回到中科院，准备汇报钱学森的东北之行。这时，同事告诉他国防部长彭德怀派人来过好几次电话，要他回来后第一时间去一个地方。朱兆祥按照同事给的地址一路来到了离中南海不远的灵境胡同的一个四合院，正当他纳闷这是什么地方时，陈赓大将不见其人，先闻其声。原来这里就是陈赓大将的家。陈赓笑着走出来迎接他，在和他握手的同时问起了钱学森的情况。

陈赓问朱兆祥："钱先生对我们哈军工有什么意见和看法?"

朱兆祥如实回答："钱先生对于新中国有这样装备新颖和管理井井有条的军事工程学院非常高兴，但他对学校请了这么多苏联专家来教书，很不以为然。他说：难道我们中国人不会教书吗？请这么多外国人来做什么！哈军工的教师好像事事都要听从苏联专家，显得很被动，这对学校发展很不利。"

虽然只是将钱学森的话如实转达给陈赓，但朱兆祥说这些话的时候还是不禁为自己捏了一把汗。因为当时的中国与苏联关系密切，中国称苏联为"老大哥"，在科学技术上也会向苏联寻求援助，那些从苏联请过来的专家就是援助的项目之一。钱学森这样对苏联专家不满，这可是近乎"反动言论"。

没想到，陈赓听罢，不仅没有生气，反而兴奋地说："哎呀，钱先生民族自尊心这么强，多么可贵啊！"朱兆祥悬在嗓子眼的一颗心总算落进了肚子里，并由衷为陈赓大将的直率和大度感到钦佩。

紧接着，陈赓半开玩笑半认真地说："你们科学院的同志真厉害啊。我们刚刚听到钱学森即将回国的消息，很想及早会见他请教请教，就有人告诉我：你们科学院早已派人去深圳迎接了。等钱学森到了北京，我们很想请他来部队发挥专长，就又有人告诉我，你们科学院早已请他创办研究所，连房子、人员都备齐了。所以我说你们科学院同志，想得早，干得快，真厉害。”

朱兆祥听出陈赓这番玩笑里话里有话，字里行间隐隐透露着一种迫切的心情。

陈赓的这种“迫切的心情”，来自他在多年征战中的切肤感受。他跟朱兆祥谈道，他和彭德怀将军在率领人民志愿军抗美援朝时，痛切地感受到中美在国防科技上的巨大差距。现在，美国已经有了导弹部队，中国军队也必须发展导弹。

陈赓在哈尔滨见过钱学森之后，在回到北京的第一时间就向国防部长彭德怀作了汇报。彭德怀得知钱学森是从美国回来的火箭研究专家，对他十分感兴趣。陈赓向朱兆祥转达了彭德怀的意思，并告诉他：“彭老总久闻钱学森大名，你们在东北参观时他就不断询问你们回来了没有。现在彭老总患病住院，我跟彭老总约定一个时间，我希望钱先生能和我一起去看望他。麻烦你把这件事转达给钱先生。”

1955年12月26日下午，钱学森在陈赓的陪同下来到北京医院高干病房，在那里见到了仰慕已久的彭德怀元帅。

彭德怀元帅见到钱学森十分高兴，亲切地和他交谈，完全不把钱学森当外人。他还谦虚地跟钱学森说，自己是个文化粗浅的武将，在导弹方面还要多多向钱学森请教。谈到中国研制导弹的必要性时，彭德怀元帅说：“我们是社会主义国家，我们坚决不主动去侵略别人。但是，万一别的国家图谋不轨，想要打我们国家，我们也得有招架之力。所以，别人有了导弹，我们也应该要发展导弹。”

钱学森完全同意彭德怀元帅的观点。他还详细地跟彭德怀元帅讲解了美国研制导弹的历程，并对中国的导弹事业提出了建设性的规划。彭德怀听完钱学森的讲解，满怀信心地说："有你这样的导弹专家，我相信中国一定能研制出导弹。"说罢，他还"对天发誓"："就是当掉裤子，也要上导弹！"话一落下，大家都哈哈大笑，感叹彭老总即使在病床上还依然保持着幽默风采。

这句话虽然是夸张了一点，但是却真实地反映出彭德怀元帅对于研制导弹的决心，也体现出他作为国防部长对于导弹战略地位的高度重视。

1956 年 1 月 30 日到 2 月 7 日，中国人民政治协商会议第二届全国委员会第二次会议在北京隆重召开。回国仅 3 个多月的钱学森作为新增委员应邀出席了这次会议。

2 月 1 日晚，毛泽东主席大摆筵席，宴请全国政协委员。钱学森也收到了毛泽东主席亲自签名的请柬，上面写着他被安排在第 37 桌入座。然而，钱学森到了宴会厅第 37 桌，却不见自己的名字牌。正在他左顾右盼，想找工作人员询问时，一位服务员主动找到他，将他领到了他的座位旁——竟然是第一桌！他的名字牌被摆在第一贵宾席的位置上，就在毛泽东主席的右边。

原来，毛泽东主席在审看宴会来宾名单时，看到钱学森的名字，就用红笔作了记号，将他的席位换到了第一桌。

毛泽东主席见钱学森受宠若惊地站在那里，便操着一口浓重的湖南口音亲切招呼他："来，学森同志，请到这里坐。"

钱学森于是在毛泽东主席的右边坐下来，一时间大家都将目光集中在他身上，他成了当晚的焦点。

毛泽东主席与钱学森亲切交谈

席间，毛泽东主席佩服地对钱学森说："我听人说，美国把你当成 5 个师呢！但我看呀，对我们中国来说，你的力量远不止 5 个师。"毛泽东主席还告诉钱学森，他正在研究他的工程控制论，还准备将它用于指挥国家的经济建设。

从谈话中可以看出，毛泽东主席对钱学森颇为了解，也很看重他的工作。此后，毛泽东主席还曾多次接见钱学森，由此可见毛主席对钱学森十分器重。

1956 年 3 月 14 日，中央军委扩大会议在中国人民解放军总参谋部召开，会议由周恩来总理亲自主持。会议的主题即是关于中国发展导弹技术的设想和规划，钱学森在会上作了《发展我国导弹技术》的重要报告。最后，会议决定建立"航空工业委员会”，作为导弹研究的领导机构。航空工业委员会于4月13日正式成立，直属国防部，由聂荣臻元帅任主任，钱学森为委员。10月，航空工业委员会组建了导弹管理局（国防部五局）和导弹研究院（国防部第五研究院），任命钱学森为导弹管理局第一副局长、总工程师兼导弹研究院院长。从此，中国研制导弹的重任，历史性地落在了钱学森的肩膀上。

虽然钱学森实际上已经在国防部工作，但是他公开的身份却是中国科学院力学研究所的所长，国内的媒体在报道他的有关新闻时，用的皆是“物理科学家”、“力学专家”这样的头衔，避免“火箭专家”和“导弹专家”之类的敏感词汇。国家为什么要隐藏钱学森的真实身份呢？

其实，这是为了“掩人耳目”。原来，钱学森回国后，美国中央情报局依然十分关注他在国内的一举一动，美国的媒体也并未忘记他。因为，他们知道，钱学森就是中国导弹事业的风向标，寻觅到钱学森的轨迹，就可以按图索骥了解到中国导弹事业的发展动态。我国领导人自然也深谙这个道理，所以，钱学森在回国之初就挂职在中国科学院名下，被任命为中国科学院力学研究所所长。他在回国以后的各种公开活动皆是以中国科学院的“力学专家”身份参加的。后来，在陈赓大将的积极推荐下，钱学森被转到国防部门主持导弹研究工作，但是他的这一身份是严格保密的，连夫人蒋英都不知情。

1956年10月8日，这是钱学森一生中一个值得双重纪念的日子。首先，这是他回国刚好 1 周年的纪念日；其次，他所领导的国防部导弹研究院在北京郊区某地正式宣告成立。在跨过深圳罗湖桥整整 1 年后，钱学森庄严地走上了中国国防部导弹研究院领导人的岗位，带领着中国的导弹事业开始起飞。

第七章
两弹一星

第一节　争气导弹

钱学森经过和总指挥聂荣臻元帅商榷，确定了中国导弹研制的三步走路线：先仿制，后改进，再自行设计。

第一步仿制，就是要仿制苏联的P-2导弹。1958年9月，导弹研究院决定开始P-2的仿制工作，并将中国的仿制导弹命名为“1059”，意思是这颗导弹计划在1959年10月1日中华人民共和国成立10周年之际完成，作为献给新中国10周岁的贺礼。

仿制P-2导弹是一个庞大的工程。首先要解决的就是设计图纸和资料。那时所有的图纸和资料都由苏联提供，导弹研究院的人拿到苏联的图纸和资料后先翻译过来，然后交给各部门去生产相应零部件。在翻译的过程中，研究人员发现苏联没有提供火箭发动机试车以及试车台的资料。这是决定导弹能否出厂发射的决定性的资料。研究人员致电苏联有关部门，得到的答复却是："等你们的发动机制成了，可以到我们苏联来试车。"显然苏联在提供资料时留了一手。

钱学森得知这个消息后，坚定地说："即使是仿制，也一定要发扬我们的自力更生精神。苏联留一手，我们就自己想办法解决。"就这样，在图纸和资料残缺不全的情况下，钱学森依然带领着研究院的人勇往直前，攻克了一个又一个难关。

然而，就在这个关键时刻，中国与苏联的"蜜月期"结束了，中苏关系开始紧张起来。1959 年 6 月，苏联拒绝向中国提供用于仿制导弹的 100 吨不锈钢材料，这表明苏联开始单方面撕毁中苏于 1957 年 10 月 15 日签订的《国防新技术协定》。因此，原定于 1959 年完成的"1059"不得不延期了。

终于，1960 年 7 月，苏联政府向中国摊牌，随着赫鲁晓夫一声令下，所有的在华专家都撤走，并终止了双方签订的 200 多个项目！此时，毛泽东主席正在北戴河主持召开中共中央工作会议。听到这个消息后，毛主席当即说："我们已经下定决心要发展导弹尖端技术，苏联不支持，我们也要搞下去。赫鲁晓夫不给我们援助，极好。他要是给了，今后这个人情账我们也难还。依我看，应该给赫鲁晓夫一吨重的勋章！"

1960 年 10 月，在失去苏联援助的严峻形势下，周恩来总理为了鼓舞士气，委托陈赓、聂荣臻和陈毅在人民大会堂宴请著名科学家和工程师。钱学森应邀出席。在会上，聂荣臻元帅发言说："苏联政府不讲情义，把我们逼上梁山，那我们就自己干。我们中国人并不比别人笨！"

钱学森也站起来，慷慨激昂地说："聂元帅说我们中国人不比别人笨，我看这是谦虚了。我觉得，我们中国人不仅不比别人笨，还具有艰苦奋斗的好精神。只要国家下达了任务，大家就会废寝忘食、夜以继日地工作，甚至牺牲了健康，牺牲了与家人团聚的时间也在所不惜。有了这种精神，我们就不怕。我们中国的科技工作者是了不起的！"

从此，中国的导弹事业开始走上了自力更生的艰苦道路。"1059"的研制工作不仅没有因为苏联专家的撤走而搁浅，反而在钱学森的领导下快马加鞭地前进着。中央军委考虑到各种准备工作的进度，决定将"1059"的发射日期定为1960年11月5日。

在"1059"紧锣密鼓的准备过程中，钱学森突然"被降职"了，从中国国防部导弹研究院的院长变成了副院长。

一向工作兢兢业业的钱学森怎么会被降职了呢？

其实，他不是"被"降职，而是主动要求降职。他在加州理工学院工作时，也曾担任航空系主任和古根海姆喷气推进实验室主任等正职。但是美国的这类正职一般没有什么行政事务，他可以专心研究学术。而与美国不同，中国国防部导弹研究院的院长需要处理许多行政事务，而钱学森忙于导弹研究，无暇顾及这些琐事。所以，他主动要求降职。在钱学森的再三要求下，上级终于同意给他"降职"，让他担任导弹研究院副院长。

钱学森“转副”以后，不再参加各种剪彩仪式、开幕典礼等，也不再兼任荣誉顾问之类的头衔，而是将所有精力都集中在指挥“1059”导弹发射前的准备工作上。

1960年9月，“1059”总装全部完成。10月17日，“1059”发动机试车成功。10月23日凌晨，“1059”从北京永定门出发，运往酒泉导弹发射场。

就在“1059”从北京运往酒泉的途中，中国情报人员得到爆炸性消息：10月24日，苏联发生了一起惨烈的导弹爆炸事故，苏联国防部副部长、苏联火箭军总司令涅杰林元帅以及发射台上的100多位火箭科学家全部罹难！尽管苏联对于此次事故严格保密，对于涅杰林元帅的死也只是宣称“飞机失事”，但是由于事故重大，中国还是得到了有关情报。

这一事故让中国的导弹研究人员极为震惊，同时也为“1059”的发射有些担忧。此时，距离中国的首枚导弹“1059”的发射只有20天，这个中国导弹事业的“头胎婴儿”能顺利发射吗？大家心里都没有绝对的把握。聂荣臻元帅告诫研究人员一定要沉着、冷静，做到万无一失。钱学森运筹帷幄，各项准备工作有条不紊地进行着。

10月27日，“1059”安全抵达酒泉导弹发射场。10月28日，“1059”进行各项发射前检测。11月3日，“1059”检测合格，被运往三号发射场，立在托架上，像一把等待出鞘的宝剑，直指蓝天。

11月4日，总指挥聂荣臻元帅从北京飞往酒泉基地，视察发射现场。钱学森坐镇指挥，一丝不苟地检查发射前的准

备工作。一切就绪，聂荣臻通知大家，周恩来总理已经报告给毛泽东主席，决定按预定日期11月5日发射。

就在最后关头，总设计师突然报告钱学森：发现零点触发机构有故障。钱学森马上命令把这个问题的负责人找来。负责人是个大学刚毕业、看上去还十分年轻的女学生。事关重大，钱学森对她毫不留情地下达命令："必须在10小时内排除障碍！"军令如山，女学生立刻赶去修理故障，4小时后，故障被排除。

11月5日上午，酒泉基地万里无云，天气良好。9时2分，发射指挥员下达了点火命令。"1059"发出震耳欲聋的轰鸣声，紧接着它的尾部发出一团耀眼的红光。腾空之后，它先是直线上升，然后在控导系统的控制下飞向预定目标。指挥中心的报告显示：发现目标，一切正常。7分32秒后，飞行了550千米的"1059"准确击中目标。中国的第一枚自制导弹发射成功！

当晚，在酒泉基地举行的庆功会上，聂荣臻元帅高举酒杯，激动地发表了祝酒词：

> 今天，在我们中国的地平线上，飞起了我们自己制造的第一枚导弹。这是一颗"争气弹"，是我国军事装备史上一次历史性的飞跃。从此以后，我们中国也有导弹了！

1960年12月，酒泉基地又成功发射了两枚"1059"导

“东风一号”成功升空

弹。3 枚导弹都发射成功后，为了满足部队的需要，“1059”投入了小规模生产。1964 年，一枚“1059”导弹被运到军事博物馆展出。不久，“1059”按照上级指示，被更名为“东风一号”。

争气弹“东风一号”的成功发射，奠定了中国导弹事业的基础。虽然“东风 1 号”只是一颗短程导弹，但是它毕竟意味着中国导弹实现了从无到有的突破。中国导弹事业旗开得胜，但依然任重而道远。

第二节　“东 风 二 号”

仿制这一步成功完成后，钱学森在聂荣臻元帅的指示下，准备开始实行三步走中接下来的两步：改进，再自行设计。国防部决定把这一枚自行设计的导弹命名为“东风二号”。

相对于仿制，自行设计的难度高了好几个台阶。导弹研究院的科技工作者迎难而上，在钱学森的领导下，只用了1个月时间就完成了“东风二号”的总体设计方案。有了“东风一号”的成功经验，“东风二号”的研制过程相对于前者大大加快了。1961年底，“东风二号”发动机试车成功。1962年春节过后，“东风二号”被装上列车，从北京运往酒泉发射场。1962年3月21日，“东风二号”耸立在酒泉发射场的托架上，一切就绪，只待发射。这一次，聂荣臻元帅依然飞往酒泉亲自视察发射前的各项工作，而钱学森则在北京坐镇指挥。

被点燃后，伴随着巨大的轰鸣声和火花，“东风二号”迅速飞向碧空。这一刻，一切正常，工作人员的脸上露出了放松喜悦的笑容。突然，他们的脸色“晴转多云”——“东风二号”失去了控制，调离预定的方向向北飞去，然后在高空坠落，跌落在离发射场600多米的地方，把地面砸了个20多米深的大坑！

看到这一场景，现场包括聂荣臻元帅在内的所有人都目瞪口呆。虽然早就知道导弹发射时极其危险，但是谁都没有亲身经历过这样巨大的事故。聂荣臻元帅不愧是身经百战的老将，他马上就缓过神来，安慰大家：“大家不要灰心，成绩属于大家，错误由我负责。失败乃成功之母，只要我们认真总结失败的原因，下一次我们一定能成功。”

然而，“东风二号”毕竟是发射失败了，中国这支年轻的导弹研制队伍被这一盆冷水浇得士气低落，愁眉不展。面对“东风二号”的事故，钱学森的内心也承受着巨大的压力，但是此时，他已经顾不上自己的情绪。他深知，在这个关键时刻，自己的一举一动都牵动着整个队伍的心情。他立即从北京坐专机飞往酒泉发射场，一到现场，他就给工作人员加油打气。他一派大将风度，豪爽地说：

> 同志们，不就是掉下来一个“东风二号”吗？它今天掉下来，我们明天就把它射上去，没什么大不了的。当年，我在美国的时候，写一篇重要的论文，写成的只有薄薄几页，底稿却装满了一个柜子。到底失败了多少次，连我自己都记不清了。如果失败了就哭鼻子，闹情绪，恐怕就没有最后的成功了。科学实验嘛，如果每一次都保证成功，那还要实验干吗呢？所以我说，我们不要怕失败，失败了，总结经验和教训，再重新来过。经过挫折和教训，我们才会成长，才会变得更聪明。取得成功，当然好；但是失败了，可以使我们得到锻炼，这种锻炼对我们尤为重要和珍贵。

钱学森的一番话重振了导弹研制队伍的士气，将士们又信心满满地投入到工作当中。然而，聂荣臻元帅却看出了钱学森坦然的表面下深藏的压力，在当天晚上，聂元帅来到钱学森的住处找他谈心。

钱学森决心要用这一个失败的“母亲”，生出成功的“儿子”。他总结了“东风二号”的失败原因，提出除了技术上的不足之外，“东风二号”失败最大的原因是在发射之前，没有在地面上进行充分的试验。他提议建设一套完整的地面导弹测试系统。尽管耗资巨大，但是建立这样一个系统是值得的。因为，只有在地面测试中完全合格，才能保证导弹在发射过程中万无一失。钱学森的这一提议得到了国防部的支持，从此，任何导弹在发射之前都必须先经过大量的地面测试，全方位合格之后，才能被运往发射场。因此，在“东风二号”失事之后，中国几乎再没有发生过类似的导弹发射事故。

而钱学森提出的这一提议，也成为中国火箭和导弹研制方面的硬性规定之一，一直沿用至今。

为了全力以赴解决“东风二号”存在的问题，钱学森一心扑在导弹研究工作上。他三天两头去酒泉出差，碰到棘手的问题时，在酒泉基地一待就是十天半个月，有时甚至1个月也回不了一次家。而他的行踪又必须严格保密，连夫人蒋英都不知道。有一次，钱学森又“失踪”了1个多月，蒋英急了，跑到国防部第五研究院问：“钱学森到底干什么去了？1个多月杳无音讯，他还想不想要这个家了？”国防部的同事急忙向她解释：“夫人请放心，钱院长平安无恙，他到外地出差去了。他工作太忙，暂时还不能回北京。”而钱学森对于夫人的“发飙”浑然不觉，此时的他正忙着修改“东风二号”的设计图纸呢。

修改后的“东风二号”被改名为“东风二 A 号”导弹。经过两年的总结、修改，1964 年春天，“东风二 A 号”终于通过了地面试车台试车，完全合格。1964 年 6 月 29 日上午，“东风二 A 号”屹立在酒泉发射场的发射架上。

这一次，钱学森亲自在酒泉发射场指挥，聂荣臻元帅在北京总指挥部坐镇。一切就绪，钱学森致电聂荣臻元帅，聂元帅同意发射，钱学森下令点火。

1964 年 6 月 29 日上午 7 时 5 分，“东风二 A 号”导弹发射。它先是笔直射向蓝天，然后改变航向，向预定的新疆荒漠飞去。几分钟后，指挥中心传来捷报：命中目标，发射成功！“东风二 A 号”不负众望，成为了中国导弹研制史上又一个漂亮的里程碑。

庆功会上，钱学森感慨万千：

> 两年前，我们在导弹研制上还只是个磕磕绊绊的小学生，今天，我敢说，我们至少已经达到了中学生的水平。短短两年，大家进步十分明显。过去，美国和苏联都欺负我们没有导弹，现在，我们在中共中央和毛泽东主席的领导下，战胜了许多困难，终于打破了他们对导弹技术的垄断，这真是一件可喜可贺的大事情。

但是，这件“可喜可贺的大事情”，却只能在内部庆祝。导弹的研制依然是高级国家机密，不论是成功或失败，都不能对外泄露半个字。

接下来的 1964 年 7 月 9 日、11 日，酒泉基地又发射了两枚“东风二A号”，都成功命中目标。这表明“东风二A号”导弹技术稳定，可以投入批量生产。从1966年起，“东风二A号”导弹开始进入部队装备，成为第一种被用于实战的中国自主研发的中程地对地导弹。

第三节 “红旗1号”

“东风二A号”成功发射后，钱学森带领导弹研究院开始着手地对空导弹的研制。

1959年国庆节期间，台湾派出一架美产RB-57D型高空侦察机在中国大陆的领空飞行示威，于10月7日被成功击落，台湾的蒋介石百思不得其解。后来，蒋介石终于得知，击落RB-57D的是中国人民解放军的苏制地对空导弹。此后，大陆的天空清净了很长一段时间，台湾的RB-57D型高空侦察机再也不敢轻易冒犯大陆领空。

然而，两年之后的1962年初，一种代号为“黑寡妇”的新型高空侦察机开始光临大陆领空，它从台湾直飞到中国大陆的罗布泊上空，肆无忌惮地拍摄那里的研制基地——中国的核试验基地。这位“黑寡妇”，就是著名的U-2高空侦察机。U-2是美国最新研制的高空侦察机，飞行高度为2.2万公里，飞行时间可长达9小时。仗着这种优势，U-2在中国大陆的领空来去自如，比之前的高空侦察机更为猖狂。

美国在台湾设立了专门执行U-2任务的空军部队，代号“黑猫中队”。美国为了防止当侦察任务失败时，飞行员被俘获而产生国际纠纷，规定“黑猫中队”在执行任务时，一律由台湾飞行员驾驶U-2侦察机。

关于U-2高空侦察机，这里还有一个小故事。有一次，当蒋介石在观看U-2侦察机拍回来的照片时，也许是大陆的照片引发了他的思乡之情，他随口问一个工作人员道：“有没有我浙江奉化老家的照片?”于是，“黑猫中队”特意为蒋介石去浙江奉化“侦察”了一次。结果，拍回来的照片让蒋介石大吃一惊——照片上，他母亲墓碑上的碑文都清晰可见。由此可见U-2侦察机的厉害。这样的侦察机如果在中国大陆继续猖狂，那么中国的核试验和导弹研制等国家机密就十分危险。

本来，用苏制的导弹“萨姆-2”可以对付猖狂的U-2。但是，由于中苏关系恶化，苏联已经不再向中国出口“萨姆-2”。无奈，中国人民解放军只能出动所剩不多的“萨姆-2”导弹对付U-2。

为了准确伏击U-2侦察机，不浪费每一枚珍贵的“萨姆-2”导弹，中国人民解放军总参谋长罗瑞卿专门召开会议，研究对付U-2的办法。终于，他想出了一条妙计。

首先，解放军派出一支部队以“打井队”的名义从北京悄然南下，埋伏在江西向塘军用机场。然后，再来一招“引蛇出洞”——1962年9月7日，中国人民解放军的大批轰炸机从南京飞往向塘，降落在向塘军用机场。这一高调的军事行动果然引起了台湾方面的高度关注。

9月8日，一架U-2进入中国大陆领空，原计划从云南绕一圈之后直奔江西南昌。不料侦察机在飞行途中出了一点问题，飞行员就径直驾驶U-2飞回了台湾桃园机场。9月9日，另一架U-2“如约”出现在中国大陆的领空，飞过福州，在九江附近绕了一圈之后，直接飞向江西向塘机场。终于，U-2进入了解放军所设的埋伏圈。两颗“萨姆-2”导弹突然腾空而起，眨眼间，一道长长的黑烟从天空划过，U-2被成功击毁。

此时，坐镇指挥部的空军司令员刘亚楼看见U-2侦察机的雷达从电脑屏幕上消失，兴奋地从座位上站起来大喊道：“有没有茅台酒啊？快点拿茅台酒来！”

毛泽东则在后来与外宾谈话时，幽默地将这一胜利形容为“U-2侦察机被中国人用竹竿捅了下来”。

然而，尽管解放军成功击落了台湾的一架U-2侦察机，但是老蒋知道中苏关系已经大不如前，中国剩下的“萨姆-2”导弹数量有限，所以依然有恃无恐，不断地派U-2骚扰大陆领空。

1963年11月，解放军又成功打下一架U-2侦察机。在检查U-2的残骸时，钱学森等导弹专家发现，U-2装有一种“预警系统”，能够在160千米外侦测到“萨姆-2”的信号，从而让飞行员及时躲避。不久，以钱学森为首的中国导弹研究组成功研制出“反电子预警系统”。这种系统可以先以假频率跟踪敌机，在距离U-2只有40千米时换成真频率发射导弹。这样一来，U-2侦察机就来不及躲避了。

就这样，解放军地对空导弹部队用“萨姆-2”频频击落

U-2侦察机，在庆祝成功之时，数一数“萨姆-2”导弹，已经所剩无几。因此，中国自己研制地对空导弹的需求日益迫切。

在这种情况下，钱学森领导的导弹研究小组当机立断，决定仿制苏联的“萨姆-2”导弹，仿制的地对空导弹被命名为“红旗1号”。

1964年10月6日，“红旗1号”导弹成功击中高空仿真目标。1964年12月，“红旗1号”总体定型。

“红旗1号”基本稳定之后，导弹研究组开始着手自主设计，研制“红旗2号”。“红旗2号”的射高和射程相对于“红旗1号”都有了很大的提高，而且它新增了抗干扰功能，测量精度更加准确，实际操作性能也更加强大。

1965年4月，“红旗2号”总体设计方案出台。

1966年底，“红旗2号”通过各项地面测试，完全合格。

1967年，“红旗2号”最后定型，开始投入批量生产，装备部队。

1967年9月8日，中国人民解放军用“红旗2号”成功击落一架U-2侦察机。自从中国拥有了大量的“红旗2号”导弹，美国的“黑寡妇”再也不敢在中国大陆的领空“搔首弄姿”。

之后，在毛泽东主席的提议下，钱学森又在导弹研究院下面成立了反导弹研究组，专门研究反导弹系统。1984年，“红旗2号”在拦截空中导弹的实验中表现良好。这表明，“红旗2号”不仅可以歼灭敌机，还能准确拦截对方发射的导弹，真可谓“一弹双雕”。

第四节　人造卫星

对于中国的“两弹一星”事业来说，1964 年是关键的一年：1964 年 6 月 29 日，中国第一枚自主研发的导弹“东风二 A 号”成功发射；1964 年 10 月 16 日，新疆戈壁滩上升起巨大的蘑菇云，中国第一枚自己研制的原子弹成功爆炸。至此，中国终于有了导弹和原子弹这“两弹”，就差“一星”了。

所谓“一星”，指的就是人造卫星。1957 年 10 月 4 日，世界上第一颗人造地球卫星“宇宙一号”在苏联的上空成功发射，开启了人类探索太空的新纪元。这一创举极大地刺激了当时与苏联对立的美国，美国总统艾森豪威尔甚至把苏联卫星发射的这一天定为“国耻日”。不甘落后的美国奋起直追，终于在 1958 年 2 月 1 日也发射了美国的第一颗人造地球卫星。

美苏两个超级大国开始了激烈的太空角逐。众所周知，这场角逐并不仅仅是一场“遨游太空”的角逐，其实质乃是两国火箭军事力量的较量。因为人造卫星是用火箭推上太空的，而火箭是重要的军事装备，火箭既然可以装载卫星，那么它也同样可以装载导弹。火箭可以把卫星射上太空，就意味着它可以把导弹发射到地球上任何一个角落。因此，这场以太空为战场展开的较量，从某种程度上来说，其实就是火箭技术的比拼。

中国作为一个第三世界国家，正在集中力量搞社会主义经济建设，并无意参与美苏两个超级大国之间的较量，但是，中国从过去惨遭侵略的历史中，深刻总结出一个道理：落后就要挨打。中国人民再也不会忘记这个血的教训，所以，新中国的领导人毛泽东主席果断地做出指示：我们也要搞人造卫星。这个“我们也要搞人造卫星”被列为 1958 年的首要科研任务，代号“581”，钱学森被任命为组长。1958 年 11 月，中央决定拨款 2 亿元人民币研制人造卫星。

钱学森领导着“581”工程组紧锣密鼓地准备着，干劲十足地朝着 1960 年发射中国第一颗人造卫星的目标奋斗。然而，就在这时，上级下了一个“降温”指示。原来，1958 年，举国“大跃进”，虚幻的“大跃进”导致中国国力空虚，经济停滞不前，中央总书记邓小平于是指示：“卫星还是要搞，但是要往后推一推，明年不放，后年一定要放。”

研制人造卫星的任务被推迟了，但是“581”计划仍在进行，只是放慢了速度。从 1965 年开始，中国经济呈现复苏的迹象，再加上受到 1964 年“两弹”发射和爆炸成功的鼓舞，钱学森向中央建议将“581”计划再度提上日程。周恩来总理接受了钱学森的建议，并将“581”改名为“651”。“651”计划在 1970 年左右发射中国第一颗人造卫星。

然而就在此时，中国的政治氛围很不稳定，刚才还是一片和谐，顷刻间就硝烟弥漫。“651”计划才刚刚开始准备实施，“文革”开始了。“文革”中，许多无辜的知识分子遭到批斗、惩罚，连曾经挂帅“两弹一星”事业的聂荣臻元帅也被“打倒”了，“651”研究院院长赵九章、人造卫星总设计师钱骥等人纷纷被关进了牛棚。赵九章以“特务”罪名被逮捕，造反派气势汹汹地把他的家抄了，还对他进行残酷的批斗，在他头上戴一个“反革命”的高帽子，胸前挂着“特务”的牌子，每天押着他上街游行示众。1968 年 10 月 11 日凌晨，赵九章不堪忍受这样的屈辱，服用大量安眠药凄惨离世。从此，中国又失去了一位优秀的科学家。周恩来总理听闻赵九章自杀，霎时热泪盈眶，悲痛不已。

担任“651”总指挥的钱学森本来也十分危险，但是因为受到周恩来总理的“点名保护”，造反派不敢对他轻举妄动。否则，光是他曾经在美国担任过“美军上校”的履历，就够他批斗的了。

1969 年 8 月 9 日下午，周恩来在国务院开会，国防部负责人向他提交了准备用武力保护的几百人名单。周恩来看过后，严肃地对国防部政委杨国宇说：“钱学森等人是我国国防科研的中坚力量，是十分重要的科学家，他们的人身安全必须得到保障。而你的任务，就是用尽一切办法，保证他们的工作不受干扰和冲击。如果他们被抓走了，不能正常工作，我拿你是问！”周恩来总理还做出具体指示：“对于钱学森等科学家，要从政治上保护他们，不许别人侵犯他们，更不能把他们抓走，必要的时候，可以使用武力保护。”

就这样，在周恩来总理“武力保护”的指示下，钱学森得以继续进行“两弹一星”的研究工作。1969 年，钱学森的父亲钱均夫在北京逝世，享年 88 岁。周恩来总理得知这一消息后，立即做出指示：由中央文史馆（钱均夫先生生前的工作单位）给钱均夫开一个小型追悼会。追悼会具体事项由文史馆同事负责，追悼会于1969年9月2日举行。

由于“文革”动荡，中国科学院乱成了一锅粥。“651”的许多主要研究人员都遭到批斗，钱学森不得不重新安排各项工作。在赵九章和钱骥被抓走后，钱学森运筹帷幄，大胆起用新人，任命年轻的孙家栋为人造卫星总设计师。

当时的孙家栋虽然年仅34岁，但是却拥有非凡的判断力和敏锐的洞察力。他仔细研究了国际人造卫星的形势：苏联在1957年发射了人造卫星，摘取了人造卫星领域的金牌；紧接着，美国在1958年把银牌收入囊中。法国人不甘落后，也于1965年发射了人造卫星，得到了铜牌。日本紧随其后，在1966年成功发射了人造卫星，位居第四。而中国虽然早在1958年就开始计划造人造卫星，但是无奈政治运动不断，这项工作不断被耽搁。如今若再不抓紧时间研制，中国恐怕连第五名都赶不上了。

于是，孙家栋提出：简化中国第一颗人造卫星的设计，拆掉一些不必要的探测仪器，先放一颗“政治卫星”，把中国没有人造卫星的“鸭蛋”打破，争取拿“第五名”。

既然是“政治卫星”，那就应该以政治上的宣传为首要目标。因此，这颗卫星必须达到“四得”：上得去、抓得住、看得见、听得到。“上得去”就是必须发射成功，不许失败。“抓得住”就是要求卫星准确入轨。这两项要求是发射人造卫星的最基本要求。接下来，要“看得见”。“看得见”是指地球上用肉眼可以看到人造卫星。而最后“听得到”，是指从卫星上发射的信号要可以用地球上的收音机听到。

为了“看得见”，孙家栋想了一个妙招：在装载卫星的火箭上套一个环形气套，在火箭飞行过程中，气套就会充满气。再在气套表面涂上银白色的金属，这样等卫星进入太空后，银光闪闪的气套会反光，地球上用肉眼就可以看得见。

而“听得到”，就容易多了。虽然老百姓的收音机收不到人造卫星发出的短波频率，但是可以由中央人民广播电台转播一下。可以听到了，但是具体听什么呢？人造卫星发出的滴滴答答的信号百姓又听不懂，于是大家你一言我一语地讨论该放什么东西听。突然，有人提议：要不就放《东方红》乐曲吧，百姓都耳熟能详。这一提议立即得到大家的赞同，钱学森亲自将这一提议写成了报告，交给上级定夺。最终，中央同意了这个提议。

虽然“四得”都解决了，但是孙家栋却依然为一件事左右为难。当时，参加人造卫星研制的有许多单位，他们送来了许多毛主席的像章，说应该把毛主席的像章送上太空，让全世界的人民都看到！然而，像章是金属制的，放在人造卫星上会增加许多负担，严重影响它的正常飞行。放，显然技术上行不通；但要是不放，这恐怕要被看作对毛主席的不尊敬。孙家栋愁眉不展，一时不知如何是好。

1969 年 10 月，人造卫星初步完工。钱学森带着孙家栋向周恩来总理汇报情况，孙家栋就毛主席像章的问题向总理请示。周恩来总理听罢，对他说：“全党、全军、全国人民自然是无限热爱和崇拜毛主席。你看人民大会堂这么重要的地方，有许多会议厅都挂上了主席的像和字画。但是，这都不是随随便便就可挂的，挂在什么地方，怎么挂，这都是需要经过严肃认真的考虑的，你看我们这个厅就没挂。你们的人造卫星要不要挂，你们也回去好好考虑一下。”

虽然周恩来总理的回答滴水不漏，没有从正面回答到底是“放”还是“不放”，但是孙家栋显然领会到了总理的意思。他会心一笑，心中终于放下了一块大石头。最后，那一大堆沉甸甸的主席像章很“不幸”地没能搭乘人造卫星进入太空。

1970年4月25日，新华社播发消息：

> 1970年4月24日，中国成功发射了第一颗人造卫星“东方红1号”，卫星运行轨道的地点高度439公里，远地点高度2384公里，绕地球一圈114分钟。“东方红1号”重173公斤，用固定的频率播送《东方红》乐曲。

“东方红1号”的成功发射，标志着中国的“两弹一星”事业完整了，中国的国防科技迈进了一个全新的时代。

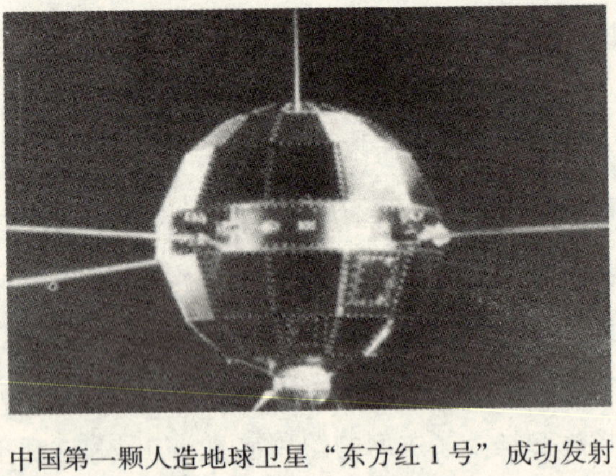

中国第一颗人造地球卫星“东方红1号”成功发射

第八章
金色晚年

第一节　朴素生活

钱学森逐渐步入晚年。1982 年，钱学森由于年事已高，退出了国防科研的第一线。退居二线之后，钱学森依然闲不下来，在家里继续着他的研究事业。研究什么呢？答案是——系统科学。

钱学森是世界公认的系统科学与系统工程的奠基人。1983 年，钱学森的《论系统工程》由湖南科学技术出版社出版。关于系统科学的作用，这里有一个有趣的小故事。

在中国四大名著之一的《红楼梦》中，关于林黛玉究竟是几岁进的贾府没有详细说明。这是一个困扰红学专家多年的难题。然而，令人意想不到的是，在钱学森的《论系统工程》出版以后，一位科学工作者在计算机的帮助下，竟然运用书中系统工程的技术与方法算出了这一难题：林黛玉是在9岁时进的贾府！

钱学森步入晚年后，组织上为了方便他锻炼身体，曾打算给他单独盖一栋带院子的小楼。钱学森一再拒绝，他的理由是："我现在的住房条件相对于别人来说已经很好了，这已经脱离群众了，我经常为此感到不安。我不能再脱离一般的科技人员太远。"就这样，钱学森一直住在朴素简单的国防部家属楼里。

钱学森的家不大，家具也是中国科学院分配给他的最普通的木质家具。在这些家具里，数量最多的是书柜，有将近50个。在这些书架上，大部分都摆着钱学森大量的书籍、杂志和剪报。他的夫人蒋英曾说："我从来不羡慕别人家里装潢华丽，一个教授的家里就应该是这样的，全是书。"

钱学森一生有两个持之以恒的习惯：剪报和听广播。到了晚年，这两个习惯更是雷打不动。

钱学森的剪报有2.4万份之多，装满了他家里5个大书柜。这是钱学森独特的资料库。他的剪报分类齐全分别被工工整整地装在一个个牛皮纸袋里，袋子的封皮上则写着剪报的主题。钱学森有好几位秘书，然而，这些数量惊人的剪报却都是钱学森亲力亲为剪下贴上的。

钱学森年过90之后依然坚持读报。但是此时他体力有限，已经不能再亲自剪报了，于是，他请秘书代劳。结果，秘书弄的剪报不是贴歪了，就是日期、名字等不完整，做事一向

一丝不苟的钱学森不满意了。看到父亲看报时总是皱着眉头，钱学森的儿子钱永刚接下了秘书的工作，亲自为钱学森剪报。钱永刚剪出来的剪报跟钱学森的一样工整而有条理，钱学森这才满意。

除了读报剪报这一“必修课”之外，钱学森每天还有一个风雨无阻的习惯：听广播。

钱学森是个真正的“铁杆”广播迷。每天早上6点，钱学森必听的节目是中央人民广播电台的《科学知识》。有一次，他的朋友打趣似的考他：“今天早上的《科学知识》播的是什么？”钱学森随口答道：“说的是南京天文台的趣事。”晚上6：30，钱学森的收音机必定是在播中央人民广播电台的新闻节目。由此可见，钱学森十分关注国家大事。

到了90岁以后，钱学森的听力衰退得比较严重，但他仍然坚持听广播。他的听觉对于女声听得不清楚，但是男声他还能勉强听得清。所以，在听男女声交替播音的新闻联播时，钱学森在播男声的时候睁大眼睛聚精会神地听着，到了播女声时就闭上了眼睛，等到转成男声时，他马上又睁开了眼睛！

第二节　“三感”“三笑”

1991年10月16日，国务院、中央军委授予钱学森“国家杰出贡献科学家”荣誉称号以及一级英雄模范奖章。在受奖仪式上，80岁的钱学森回忆人生，谈到自己的人生中有三次激动的时刻，他是这么说的：

在我的一生中，有三次十分激动的时刻。

第一次，是在1955年，我被允许回国了。我拿着刚出版的《工程控制论》和厚厚的课堂讲义，去跟我的导师冯·卡门道别。我把这两样东西交给他，他翻了翻，然后感慨地跟我说：你在学术上已经超过我了，回国好好为你的祖国作贡献吧。当时，听到我74岁的导师对我说这样一句话时，我的心情激动极了。我想，我的目标终于达到了。我钱学森已经在学术上超过他这样一位世界闻名的权威，我为中国人争了气，所以我激动极了。这是我有生以来第一次这么激动。

第二次激动，是1959年新中国成立十周年的时候，我被吸纳为中国共产党党员了。我钱学森终于加入中国共产党，成为一名光荣的党员了。我简直激动得睡不着觉。

第三次激动，就是在今年。中共中央把雷锋、焦裕禄、王进喜、史来贺和钱学森5位同志作为在新中国成立40年来在群众中享有崇高威望的中国共产党党员的代表，我得知这个消息，心里又一次激动极了。我得到了人民的认可，我现在是劳动人民的一员了。

钱学森的一生中还有“三笑”。

这“第一笑”，是在1955年。钱学森从美国回到祖国母亲的怀抱，他热泪盈眶，微笑的脸上同时流下了幸福的泪水。

“第二笑”，是在1970年中国发射了第一颗人造卫星时，

钱学森开怀大笑。

而“第三笑”，则是在2003年，中国的载人火箭“长征2号”顺利升空，太空上留下了中国宇航员杨利伟的足迹。在观看这一电视新闻时，92岁的钱学森像个孩子一样笑逐颜开。2003年10月16日，钱学森怀着激动与兴奋的心情，用颤抖的手写下两句话：“热烈庆祝神舟五号发射成功，向新一代航天人致敬!”

第三节　送别巨星

2009年8月6日，温家宝总理第四次来到钱学森家探望钱学森。钱学森虽然已经98岁高龄，但是一直没有得过什么大病，当时的精神还不错。温家宝总理说：“看到您老精神矍铄，我很高兴。您把一生都奉献给了党和人民，奉献给了国家的国防和科技建设，祖国和人民永远不会忘记您的。”

温家宝总理祝钱学森健康长寿

钱学森只是谦虚地回答：“我只是在毛主席和周总理的指示下，做了一些事情。现在我老了，不能为祖国做更多的事情了。”

温总理和钱学森还就国家的教育问题相互交换了意见。钱学森十分关心国家的教育，屡次跟温总理谈道，中国要走在世界的前列，必须要大力培养人才。温总理接过话头说：“我十分同意您的观点，我也经常跟下面的人这么说。努力培养杰出人才，不仅是教育的基本原则，也是中国长远发展的根本。”

2009 年 10 月 29 日晚，钱学森一家人正在吃晚饭，钱学森吃着吃着突然一阵呕吐。钱永刚以多年照顾父亲的经验判断，这一吐非同小可。他赶忙给父亲量了体温，发现父亲体温偏高，当即决定马上送父亲进医院。

在很短的时间内，钱学森被送到解放军医院加急病房。医生诊断发现钱学森的肺部已经严重感染，他的肺部表面已经只有一小部分可以供氧，造成了身体多个器官因缺氧而罢工。不一会儿，他的血压也变得十分微弱，他开始进入休克状态。医生全力进行抢救，但为时已晚。

2009 年 10 月 31 日上午 8 时 6 分，钱学森停止了呼吸。在走完了他 98 年辉煌的人生路之后，钱学森安然离去。

钱学森逝世之后 3 个小时，新华社于 2009 年 10 月 31 日上午 11 时发布了新闻：

我国科学巨星钱学森今天在北京逝世，享年 98 岁。

噩耗传出，举国悲痛。许多民众涌到钱学森生前居住的航天大院里悼念这位科学巨星，为他送行。钱永刚特意在院子外面搭了4个大棚，专门放大家送来的花圈。本来以为这几个大棚在吊唁的4天里怎么都够用了，可是令钱永刚没想到的是，才1天这些棚就被排满了。大量的民众自发赶来为钱学森吊唁，令钱永刚感动不已。

2009年11月6日上午，钱学森追悼会在北京八宝山隆重举行。胡锦涛、吴邦国、温家宝、贾庆林、李长春、习近平、李克强、贺国强、周永康等党和国家领导人全部出席，江泽民和朱镕基也赶到八宝山吊唁。另外，更有成千上万的民众自发来到八宝山，送钱学森最后一程。

在钱学森追悼会的当天，新华社发表了一篇长达6000字的悼文——《钱学森同志生平》。在这篇悼文中，用11个“第一”概括了钱学森一生对中国国防和科学事业的卓越贡献：

1956年，参与筹备组建中国导弹航空科学研究领导机构——航空工业委员会，受命负责组建中国第一个火箭、导弹研究机构——国防部第五研究院，并兼任院长。

1956年，设立空气动力学研究室，组建了中国第一个空气动力学专业研究机构。

1960年2月，指导设计的中国第一枚液体探空火箭发射成功。

1960年11月，协助聂荣臻成功组织了中国第一枚近程地地导弹发射试验。

1964年6月，作为发射场最高技术负责人，同现场总指挥张爱萍一起组织指挥了中国第一枚改进后的中程地地导弹飞行试验。

1966年10月，作为技术总负责人，协助聂荣臻组织实施了中国首次导弹与原子弹“两弹结合”试验。

1970年4月，牵头组织实施了中国第一颗人造地球卫星发射任务。

1971年3月，组织完成“实践一号”卫星发射试验，首次获得中国空间环境探测数据，为中国研制应用卫星、通信卫星积累了经验。

1972年至1976年，领导设计制造了中国第一艘核动力潜艇。

1972年至1976年，指挥成功发射了中国第一颗返回式卫星。

1980年5月、1982年10月、1984年4月，参与组织领导了中国洲际导弹第一次安全飞行、潜艇水下发射导弹和地球静止轨道实验通信卫星发射任务。

《钱学森同志生平》称赞钱学森为“中国共产党的优秀党员，忠诚的共产主义战士，享誉海外的杰出科学家和中国航天事业的奠基人”。而钱学森生前对自己的评价则是：

我本人只是沧海一粟，渺小得很。真正伟大的是中国人民，中国共产党，是中华人民共和国！我的一切成就都归于党，归于集体，我本人只是恰逢其时，做了该做的工作，仅此而已。我作为一名科学工作者，活着的目的就是为人民服务。如果人民最后对我的一生所做的各种工作满意，那就是对我最高的奖赏。

附　所获荣誉（部分）

1989年，钱学森获国际技术与技术交流大会和国际理工研究所颁发的“W. F. 小罗克韦尔奖章”以及“世界级科学与工程名人”和“国际理工研究所名誉成员”荣誉称号。

1991年，国务院、中央军委授予钱学森“国家杰出贡献科学家”荣誉称号以及一级英雄模范奖章。

1996年，上海交通大学建校百年之际，以钱学森的名字命名的钱学森图书馆矗立在交大校园，江泽民总书记亲自题写馆名。

1999年，中共中央、中央军委、国务院授予钱学森“两弹一星功勋奖章”。

2001年，中国科学院紫金山天文台发现国际编号为3763的小行星，经国际小行星中心和国际小行星命名委员会批准，这颗小行星被命名为“钱学森星”。

2007年，钱学森被美国《航空周刊与航天技术》杂志评为年度人物。同年，钱学森被中央电视台评为当年“感动中国年度人物”。另外，他还获得美国加州理工学院的“杰出校友奖”。

2009年3月28日，98岁的钱学森在“世界因你而美丽——2008影响世界华人盛典”中获得“终身成就最高荣誉大奖”。

2009年9月25日，钱学森入选以“中国因你而骄傲，世界因你而感动”为主题的“建国60周年感动中国100人”。